3 1994 01256 0113

3/05

D0548923

KICK BOXING

KICK BOXING

Eddie Cave

J SP 796.815 CAV
Cave, Eddie
Kickboxing

$12.95
31994012560113

CENTRAL

Copyright © 2001 New Holland Publishers (UK) Ltd

Copyright © 2001 en el texto: Eddie Cave

Copyright © 2002 edición en lengua castellana: Edimat Libros S. A.

Copyright © 2001 en las ilustraciones: New Holland Publishers (UK) Ltd

Copyright © 2001 en las fotografías: New Holland Image Library (NHIL)/

Ryno Reyneke, con la excepción de los fotógrafos y agentes incluidos en

la página 96.

Traducido por: Traducciones Maremagnum MTM

Corrección técnica: Mariano Antón

Todos los derechos reservados. El contenido de esta obra

no será reproducido, almacenado ni transmitido, en ninguna forma

ni por ningún medio, electrónico, mecánico, fotocopiado,

grabado, sin la previa autorización por escrito de los editores y

de las personas en posesión del Copyright.

ISBN: 84-9764-136-1

Primera publicación en España por:

C/ Primavera, 35 - Polígono Industrial El Malvar

28500 Arganda del Rey, MADRID - ESPAÑA

E-mail: edimat@edimat.es

http//www.edimat.es

Publicado en UK por New Holland Published (UK) Ltd

Fotomecánica por Hirt y Carter (Cape) Pty Ltd

Impreso y encuadernado en Malasia por Times Offset (M) Sdn Bhd

DESMENTIDO

El autor y los editores han querido asegurarse, en la medida de lo posible, de la exactitud de la información que aparece en el libro en el momento de la impresión, y no se hacen responsables de posibles lesiones o problemas sufridos por las personas que usen este libro o sigan los consejos proporcionados en él.

AGRADECIMIENTOS

Me gustaría expresar mi agradecimiento a todos aquellos colegas del kickboxing que me aconsejaron durante la redacción del libro. En particular, al equipo de New Holland Publishers: la diseñadora Geraldine Cupido, al editor Simon Lewis y al editor asignado, Simon Pooley, por toda su ayuda y amabilidad. También me gustaría agradecer a mi esposa, Wilna, que me inspiró y motivó durante el tiempo que me llevó escribir este libro.

MENSAJE DEL DR. ENNIO FALSONI

(Presidente de la Asociación Mundial de Organizaciones de Kickboxing, WAKO - Wold Association of Kickboxing Organizations.)
Recibo con agrado el libro de Eddie Cave, un viejo y sabio karateka que, como los monjes, conoce la verdad espiritual: entrene duro y observe los principios básicos de su estilo de kickboxing, así tendrá un futuro. Este es el sencillo mensaje que aporta el libro, y yo lo recomiendo a todos, novatos y expertos por igual.

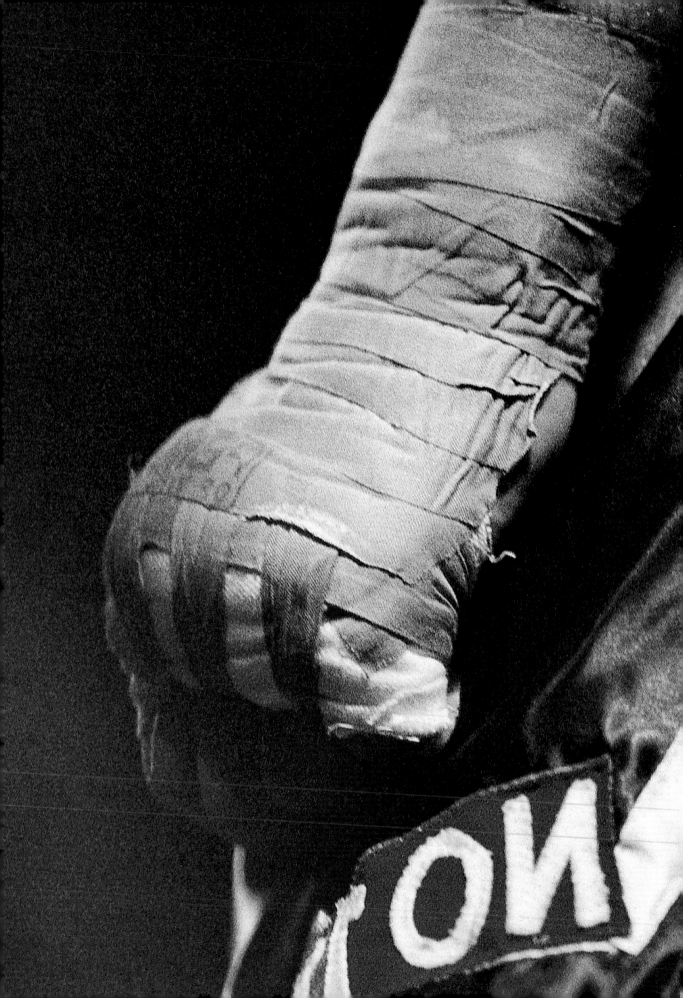

CONTENIDOS

INTRODUCCIÓN

El kickboxing moderno

Joe Lewis fue el primer campeón mundial de kickboxing en la categoría de los pesos pesados de la PKA (Professional Karate Association-Asociación de Karate Profesional). Lewis fue un pionero del karate full-contact, y participó en los prototipos de combates full-contact en Long Beach, California, en enero de 1970. Fue también Lewis quien contactó al innova-

dor karateka Mike Anderson, con el objetivo de organizar y promover este nuevo deporte, el karate full-contact, como se llamaba en aquellos días. Conocido hoy día como kickboxing, nació oficialmente en Los Ángeles, en septiembre de 1974, cuando Anderson, junto a Don y Judy Quine, conformaron el primer organismo regulador del nuevo deporte: la PKA. Los tres organizaron, entonces, el primer Campeonato Mundial de Karate Profesional, en el que los estadou-

nidenses Joe Lewis, Bill Wallace y Jeff Smith se alzaron con los títulos mundiales.

Este fue el inicio del kickboxing moderno. En 1975, Bill «Superfoot» Wallace se había convertido en la primera superestrella del kickboxing full-contact. Otro campeón mundial, el también americano Benny «The Jet» Urquidez, promocionó el kickboxing en sus viajes alrededor del planeta, incluyendo Asia, donde venció a los campeones locales bajo las reglas de éstos.

El kickboxing se extiende por Europa

El alemán George Bruckner, amigo cercano de Mike Anderson, fue el pionero del karate full-contact en Europa. En 1975, Bruckner, junto a otros artistas marciales europeos, formó la Organización Mundial de Todos los Estilos de Karate (WAKO). Bruckner se esforzó enormemente para promocionar y promover el kickboxing por toda Europa, y organizó el primer Campeonato Europeo de Kickboxing en 1976.

En 1978, Bruckner promovió los primeros Campeonatos Mundiales de la WAKO en Berlín Occidental, con la participación de 18 países. Por aquel entonces, el karate full-contact, o kickboxing, se había extendido por todo el mundo, convirtiéndose en un deporte internacional. Mientras que los americanos sólo habían considerado los aspectos profesionales del kickboxing, la

página opuesta: EL SUDAFRICANO MIKE BARNADO ES EL CAMPEÓN MUNDIAL DE LOS PESOS PESADOS EN MUAY THAI. TAMBIÉN ES EL CAMPEÓN DE LOS PESOS PESADOS DE LA FEDERACIÓN MUNDIAL DE BOXEO (WBF) Y EL PRIMER PESO PESADO EN GANAR UN TÍTULO MUNDIAL DE KICKBOXING Y DE BOXEO. MIKE OBTUVO FAMA INTERNACIONAL POR PRIMERA VEZ, CUANDO NOQUEÓ A STAN "THE MAN" LONGINES EN EL CAMPEONATO K1 DE BOXEO TAILANDÉS EN TOKIO, EN 1995.

arriba: DOS KICKBOXERS DURANTE UN COMBATE DE FULL-CONTACT.

arriba izquierda: DOS MUJERES KICKBOXERS EN UN COMBATE DE LIGHT-CONTACT.

WAKO (que cambió su nombre a la Asociación Mundial de Organizaciones de Kickboxing-World Association of Kickboxing Organizations) se convirtió en la organización mundial líder en kickboxing amateur. La WAKO dirige competencias en semi-, light- y full-contact, además de las divisiones musical y armada de la modalidad Formas. La sede de la organización se encuentra en Milán, Italia, y su presidente a nivel mundial es el Dr. Ennio Falsoni.

En EE.UU. han surgido una serie de organismos reguladores del kickboxing, entre ellos la WKA (World Karate Association-Asociación Mundial de Karate), ISKA (International Sport Karate Association-Asociación Internacional del Deporte de Kickboxing), KICK (Consejo Karateka Internacional del Kickboxing), PKC (Professional Karate Commission-Comisión de Karate Profesional) y la WAKO-Pro (Asociación Mundial de

DOS PRACTICANTES DE BOXEO TAILANDÉS EN PLENO COMBATE, EL LUCHADOR DE LA DERECHA ESTÁ EJECUTANDO UNA PATADA CIRCULAR A SU OPONENTE

Desarrollo del kickboxing

Cuando el karate full-contact (conocido actualmente como kickboxing), comenzó como deporte en EE.UU., a principios de los setenta, los combatientes tuvieron que aprender mediante el entrenamiento y los errores. Provenían de todos los estilos del karate tradicional u otras artes marciales, y cuando comenzaron a participar en combates profesionales de full-contact, pusieron en evidencia ciertos obstáculos y defectos. Descubrieron que no estaban tan en forma como pensaban y que debían realizar un gran esfuerzo para pelear diez asaltos en un ring profesional. Se cansaban fácilmente y perdían su técnica. También descubrieron, muy a su pesar, que sus golpes y patadas no eran tan efectivos. Esto se debía, en buena parte, al hecho de que los artistas marciales tradicionales eran entrenados para retirar sus golpes y patadas, en lugar de dirigirlos con impacto y fuerza.

Para desarrollar el kickboxing y mejorar el deporte, los kickboxers se volcaron en las técnicas de entrenamiento, acondicionamiento y pelea del boxeo occidental profesional. Participaron en innumerables combates de entrenamiento antes de sostener combates reales. Se trataba, virtualmente, de sparrings full-contact, y recibieron cientos de golpes a la cabeza y el cuerpo. Ello hizo que sus cuerpos y mentes se fortalecieran, además de acondicionarse y templarse. Se prepararon física y mentalmente para dar la batalla cada vez que pisaban un ring. También desarrollaron su potencia golpeadora practicando, diariamente, con el saco pesado y los paos.

Los primeros combatientes debieron acudir a los gimnasios de boxeo para aprender todos los secretos de las peleas y entrenarse con instructores de boxeo.

El kickboxing adoptó e incorporó técnicas y estrategias de entrenamiento del boxeo. Los kickboxers comenzaron a mejorar enormemente, y a medida que se ponían en forma y en condiciones óptimas, sus técnicas ganaron en potencia. Los combates de kickboxing adquirieron más acción y emoción. La versión moderna y dinámica del kickboxing había llegado al circuito internacional del deporte y se extendía por todo el mundo.

Organizaciones de Kickboxing-Profesional). Con la formación de estos organismos, sus promotores en EE.UU. y el resto del mundo comenzaron a organizar peleas por el título mundial y combates internacionales de kickboxing.

El kickboxing había comenzado a ganar popularidad en todo el mundo, hasta el punto de convertirse en un deporte reconocido internacionalmente y en una disciplina de artes marciales.

El kickboxing en la actualidad

El kickboxing moderno tiene un mercado estimado en un millón de practicantes, en 6.000 clubes alrededor del mundo. Hoy día, más de 25.000 kickboxers profesionales en todo el mundo compiten en este deporte de pleno contacto. Miles de personas en el mundo han adoptado el entrenamiento como régimen personal de acondicionamiento físico pues lo consideran, de hecho, como el no va más del ejercicio.

Beneficios del kickboxing

El kickboxing, además de proporcionar valiosas técnicas de autodefensa y agilizar los reflejos, también resulta atractivo porque implica un intenso y revolucionario programa de ejercicios. Este entrenamiento permite adquirir una forma física óptima, reafirmar y tonificar el cuerpo y reducir las grasas, además de aumentar el vigor y la resistencia. El kickboxing que se practica con miras a mejorar la salud y la forma física, así como a desarrollar la autodefensa, se ha convertido en una de las tendencias más importantes en la industria del acondicionamiento físico desde los tiempos del aeróbic.

Las mujeres en el kickboxing

Cada vez son más las mujeres que realizan cursos de kickboxing. La mayoría entiende que se trata de un entrenamiento muy efectivo, una manera práctica de aprender a defenderse por sí mismas, en caso necesario, al tiempo que se fortalecen física y mentalmente. Las mujeres consideran que el kickboxing les proporciona una alternativa llamativa y estimulante a los métodos de entrenamiento, a menudo monótonos, de las artes marciales tradicionales. La combinación, en un mismo e intenso programa de ejercicios, de los sistemas de lucha de full-contact con las técnicas de boxeo, quema calorías y proporciona una fantástica sesión de entrenamiento cardiovascular. A las mujeres también les encanta el kickboxing porque contribuye a quemar grasas, tonificar y reafirmar el cuerpo, además de estimular la mente, desarrollando una actitud mental fuerte y positiva.

Hoy en día, ellas también compiten internacionalmente en los más altos niveles. Christine Banner y Kathy Long, de EE.UU., son campeonas mundiales y kickboxers muy respetadas, que han alcanzado un estatus similar al de superestrellas.

arriba: MUJERES KICKBOXERS ENTRENÁNDOSE. EN PRIMER PLANO PODEMOS OBSERVAR UN EJEMPLO DE PATADA CIRCULAR CONTRA EL SACO PESADO. EL TRABAJO CON SACOS ES VITAL PARA DESARROLLAR LOS GOLPES Y LAS PATADAS PARA COMBINARLAS EN COMBATE. LA MUJER DEL FONDO HACE SPARRING CONTRA UN OPONENTE INVISIBLE. SALTAR A LA COMBA (QUE ESTÁ EN EL SUELO) ES UNA PARTE ESENCIAL DE LA RUTINA DE ENTRENAMIENTO

TÉCNICAS ELEMENTALES

El kickboxing nació del deseo de establecer un deporte moderno que fuese efectivo en peleas de contacto cercano, tanto en la calle o como modalidad deportiva de las peleas de full-contact. A finales de los sesenta, los artistas marciales tradicionales de EE.UU. descubrieron, muy a su pesar, que sus técnicas no funcionaban en situaciones de combate. Se dieron cuenta de la necesidad de desarrollar un sistema para peleas de contacto, con el objetivo de ser eficaces en el combate. Dado que ellos retiraban hacia atrás sus golpes y patadas, en lugar de dirigirlos con fuerza e impacto, sus técnicas resultaban muy poco efectivas. Más aún, las técnicas tradicionales de karate se practican bajo unos patrones predeterminados que se ven muy bien en un dojo (superficie de entrenamiento), pero que no funcionan en combate: los asaltantes callejeros no siguen ritos o patrones predeterminados a la hora de atacar a alguien.

Para más inri, los tradicionalistas pronto descubrieron que su forma física no era la adecuada para recibir golpes y patadas full-contact en el cuerpo y la cabeza. Apenas podían aguantar un asalto de sparring full-contact. En virtud de estas y otras deficiencias de ciertas artes marciales tradicionales, nació el kickboxing moderno.

A principios de los setenta, los primeros kickboxers en EE.UU. se volcaron en las técnicas de entrenamiento, acondicionamiento y lucha del boxeo profesional occidental. De ellas obtuvieron un programa de instrucción más adecuado, así como estrategias para el acondicionamiento y la lucha en peleas full-contact, incorporándolas a su propio y novedoso deporte, junto a las reglas y regulaciones del boxeo. Durante varios años, y como consecuencia de las peleas en combates full-contact, los kickboxers empezaron a descubrir, en sus propias carnes, cuáles eran las técnicas y combinaciones más efectivas en situaciones de combate.

Paulatinamente, comenzaron a entrenarse de la misma manera que los boxeadores profesionales, haciendo trabajo de campo (jogging), saltando a la comba, entrenando con sacos, paos, manoplas y punchball. Sostuvieron con determinación innumerables asaltos en combates de entrenamiento, a modo de preparación para las peleas reales, entrenando cuerpo y mente, recibiendo innumerables golpes y patadas, fortaleciéndose y poniéndose en condiciones. Al igual que los boxeadores, también vestían equipo de protección durante el sparring, con el fin de evitar lesiones. A medida que el deporte y el arte del combate iban creciendo, los kickboxers fueron mostrando mejorías asombrosas, sus técnicas se fortalecieron y ganaron en potencia, sus cuerpos alcanzaron un mejor acondicionamiento y sus mentes se fortalecieron. Los combates de kickboxing se llenaron de acción y emoción.

Puesto que el kickboxing es un deporte moderno, es importante adoptar ciertas precauciones durante el entrenamiento. Entre el equipo necesario se incluyen los protectores de la cabeza, protectores bucales, espinilleras, botas de kickboxing y coquillas. Se debe poner mucho cuidado en el momento de vendar correctamente las manos antes de iniciar el trabajo con sacos, manoplas, paos y sparring. Y recuerde que siempre debe realizar los ejercicios de calentamiento y estiramiento antes de iniciar el programa de entrenamiento.

Las técnicas que se describen en este capítulo no están permitidas en todas las variedades de kickboxing. Para el kickboxing de light-, semi- y full contact, las áreas a golpear o patear se ven estrictamente limitadas a la zona por encima de la cintura.

Para dominar las técnicas básicas del kickboxing, hay que practicarlas una a una varias veces antes de pasar a la siguiente. Se dice en el kickboxing que la repetición es la madre de la habilidad. De modo que practique y persevere diariamente en su entrenamiento.

página opuesta: DOS MUJERES KICKBOXERS INTERCAMBIAN PATADAS DURANTE UN TORNEO DE KICKBOXING LIGHT-CONTACT.

Técnicas básicas de kickboxing

Postura de guardia

La postura de guardia de un kickboxer (A) es virtualmente la misma que en el boxeo: los pies a la misma distancia de los hombros, las rodillas ligeramente flexionadas, el guante izquierdo a la altura de los ojos y el guante derecho a la altura de la mejilla. La distancia entre los puños y la cara debe ser más o menos equivalente al ancho de un puño. Los codos deben descansar ligeramente contra el tórax, apuntando hacia abajo. Finalmente, el cuerpo debe estar inclinado hacia la derecha, ligeramente agachado. Esta es la mejor postura para el kickboxing, ya que el cuerpo está inclinado hacia delante lo suficiente como para asestar patadas y golpes explosivos. Esta postura también evita el ser noqueado con facilidad o perder el equilibrio fácilmente. También permite mantener una postura equilibrada desde la cual se puede atacar, contraatacar o defenderse en todo momento, sin ningún movimiento preliminar.

Juego de pies

Para practicar su juego de pies, adopte la postura de guardia y mantenga siempre sus manos levantadas. Para moverse hacia su oponente, dé un paso hacia delante con el pie izquierdo y deslice el pie derecho hasta adoptar una posición normal. Asegúrese de mantener la relajación en todo momento y completamente en equilibrio. Continúe moviendo los pies hacia delante hasta contar 10 pasos.

Para practicar el retroceso, adopte la postura de guardia, dé un paso hacia atrás con el pie derecho y deslice el pie izquierdo hasta adoptar la postura de guardia. Continúe moviendo los pies en retroceso hasta contar 10 pasos. Una vez que se encuentre cómodo moviéndose hacia delante o hacia atrás, puede practicar estos movimientos de manera libre, dando dos pasos hacia delante, dos pasos hacia atrás y así sucesivamente.

A continuación vienen los movimientos laterales. Para dar un paso hacia la derecha, en primer lugar debe moverse en esa dirección con el pie derecho, para luego deslizar el pie izquierdo hacia el derecho, de modo que los pies vuelvan a la posición habitual de pelea.

Para moverse hacia la izquierda, dé un paso en esa dirección con el pie izquierdo, para luego deslizar el otro pie hacia la derecha, hasta adoptar la postura de guardia. Combine todos estos movimientos efectuando el juego de pies hacia delante y hacia atrás, luego los pasos laterales a izquierda y derecha al estilo libre; muévase hacia delante, dé un paso hacia la derecha, otro más hacia atrás y luego hacia la izquierda. Una vez que domine la práctica del juego de pies, será capaz de atacar, defenderse o contraatacar automáticamente.

(A)

Distancia o alcance

Hay tres categorías de distancia o alcance en el kick-boxing: larga, media y corta. La distancia a la cual usted se encuentre durante una pelea determina el tipo de estrategia y técnicas que debe utilizar para vencer a su oponente o extraer lo mejor de él.

Si usted es alto y tiene un alcance mayor que su rival, debe utilizar directos de izquierda y derecha, así como patadas frontales, con el fin de mantenerlo alejado.

✎ Larga distancia

Se utiliza para golpes y patadas de potencia explosiva (A). También es la distancia a la que puede dar un paso y asestar a su rival una patada (B). Asimismo, el largo alcance también permite contrarrestar los golpes y patadas del oponente.

A

B

Distancia media

Este es el alcance (A) desde el cual es posible asestar rápidas combinaciones de golpes (B) y patadas, sin necesidad de dar un paso adelante. El alcance medio es ideal para el kickboxer agresivo y el luchador al que le gusta mantenerse ocupado, presionando a su oponente con un bombardeo de patadas y golpes combinados.

Distancia corta

Este alcance es para combates de contacto cercano, en los que los dos oponentes permanecen uno frente al otro mientras intercambian ganchos (A-B), que son los golpes más efectivos en el corto alcance.

Golpes
Técnicas de boxeo: el directo de izquierda (jab)

El primer golpe que un kickboxer o boxeador aprende es el directo de izquierda a la cabeza. El directo de izquierda se utiliza para mantener a raya al rival y para anotar puntos en el largo o medio alcance. La mayoría de los entrenadores buenos recomiendan a sus luchadores que «peleen detrás del directo de izquierda», porque al hacerlo, no sólo ganan puntos y evitan que el oponente se mueva, sino que también logran ponerlo a punto para asestarle un cruzado de derecha o para lanzar patadas al cuerpo.

⇨ **Directo de izquierda a la cabeza**

Partiendo de la postura de guardia (A), dé un paso hacia delante con la pierna izquierda y aseste un directo de izquierda a la cabeza del rival (B). Al ejecutar el directo de izquierda, asegúrese de que coloca el peso del cuerpo tras el golpe, mientras mete el mentón. Para desarrollar un directo de izquierda poderoso y veloz, debe practicar cientos de directos de izquierda contra el saco de arena y los paos, hasta que se convierta en un reflejo automático.

⇦ **Directo de izquierda al cuerpo**

En el momento de asestar un directo de izquierda al cuerpo, es importante colocar todo el peso del cuerpo sobre el pie izquierdo, dar un paso adelante y golpear (a). Al hacerlo, el directo de izquierda adquirirá una fuerza e impacto tremendos. Al dar este golpe, debe deslizar su cuerpo hacia la derecha, con el fin de evitar un contraataque directo de su oponente.

⇐ **Cruzado de derecha**

Partiendo de la postura de guardia, dé un paso al frente con el pie izquierdo y lance un directo de derecha al mentón del rival. Al asestar un cruzado de derecha, incorpore un giro del hombro derecho al golpe y coloque su cuerpo firmemente tras él (A). Nunca debe empezar con un cruzado de derecha: en primer lugar, debe tantear la defensa del oponente con directo de izquierda y directos de izquierda dobles, que deben crear la abertura necesaria para un directo. El cruzado de derecha también se usa como un fuerte contraataque.

⇨ **Directo de derecha al cuerpo**

Al ejecutar un directo de derecha al cuerpo, es necesario deslizarse a la izquierda, flexionar las rodillas y rotar la cadera derecha al tiempo que golpea (a). Normalmente, los directos de izquierda a la cabeza se rematan con un directo de derecha al cuerpo. Los kickboxers de hoy día se concentran raramente en golpear el cuerpo, de modo que debe practicar el directo de derecha al cuerpo hasta que sea automático. Un golpe fuerte al plexo solar (asestado en el momento preciso) es capaz de detener al rival.

Ganchos

Un gancho correctamente ejecutado es un arma muy poderosa. Un gancho externo debe ejecutarse con el codo apuntando hacia fuera y lejos del cuerpo, al tiempo que se gira el hombro y las caderas al golpear. Los ganchos nunca deben utilizarse desde el largo alcance, pues podrían degenerar en un swing. Los ganchos a la cara o al cuerpo deben lanzarse desde los alcances cortos o medios (A).

✎ Gancho izquierdo

Partiendo de la postura de guardia, ejecute el crochet de izquierda a la cabeza del rival, rotando los hombros y las caderas al tiempo que envía el golpe a su destino (a). Cuando esto ocurra, asegúrese de girar el puño, de modo que el pulgar apun-

te hacia usted. Al practicar el gancho, recuerde mantener el codo paralelo al cuerpo y lejos de su cuerpo. Cuando se ejecuta correctamente, el gancho constituye un golpe explosivo, genuinamente noqueador, que con toda seguridad dará resultado, especialmente cuando el blanco es el área del estómago del oponente (b).

Gancho de derecha

El gancho de derecha se ejecuta de la misma manera que el izquierdo, excepto que usted debe rotar su hombro derecho y la cadera al tiempo que asesta un golpe con su puño derecho a la sien o mandíbula del rival.

Es conveniente practicar ambos ganchos alternativamente, rotando

las caderas de un lado a otro con cada golpe.

Ganchos oblicuos o hook

Los ganchos en pala se ejecutan a partir de la postura de guardia y se usan en las peleas de corto alcance. Si se ejecuta correctamente, el gancho en pala es uno de los golpes cortos más explosivos de los combates de corto alcance.

⇦ Gancho en pala al cuerpo

Al asestar un gancho de izquierda en pala al cuerpo, asegúrese de que su codo está presionado contra su cuerpo antes de rotar las caderas y el cuerpo hacia la derecha al mismo tiempo que asesta el golpe contra el cuerpo de su oponente (A). Cuando el golpe llegue a su destino, su puño debe estar a un ángulo de unos 45°, con la palma dirigida hacia usted.

El gancho en pala de derecha al cuerpo es exactamente igual al izquierdo, con la diferencia de que debe torcer sus caderas y hombros hacia la izquierda en el momento de asestar el golpe. Antes de ejecutar un golpe en pala de derecha, debe girar su cuerpo hacia la derecha, colocando el peso del cuerpo sobre el pie derecho.

⇧ Golpe en pala a la cabeza

Los golpes en pala a la cabeza deben lanzarse desde la postura de guardia. Mantenga el codo derecho contra el tórax, a continuación rote las caderas y hombros al tiempo que lanza el golpe sobre la mandíbula de su rival (a).

El uppercut

Un uppercut es un golpe utilizado desde el corto alcance, que se dirige de abajo hacia arriba a la guardia del oponente. Antes de asestar un uppercut debe flexionar las rodillas y, mientras golpea, estirarlas de nuevo con el fin de generar un movimiento hacia arriba con todo el peso del cuerpo. Esto produce un impacto enorme cuando el golpe llega a su destino.

⇨ Uppercut de izquierda

Partiendo de la postura de guardia y, desde la distancia corta, flexione las rodillas y, al tiempo que lanza el uppercut de izquierda entre la guardia de su oponente, mueva sus caderas y hombros hacia arriba y aseste el golpe sobre la mandíbula o el plexo solar del oponente.

Uppercut de derecha

El uppercut de derecha es más poderoso que el izquierdo, ya que permite un movimiento más fuerte hacia arriba con las rodillas, caderas y hombros al tiempo que asesta el golpe (A). También es muy efectivo, si se da un paso corto, para enderezar a un luchador cuando intenta agacharse o inclinar la cabeza.

↘ Golpe con el revés del puño

El golpe a la cabeza con el puño del revés se usa velozmente, para cegar al rival y ponerlo a punto para un fuerte directo de derecha o una patada al cuerpo. Partiendo de la postura de guardia, extienda el brazo derecho a través de la cara, con el codo apuntando hacia arriba (A), para luego ejecutar un golpe rápido con el dorso del puño, dejando caer la parte del guante correspondiente a los nudillos sobre su cabeza (B). Lo mejor para preparar un golpe con el dorso del puño es con un directo de izquierda previo al cuerpo del oponente.

⬇ Golpe de puño girado

Este golpe constituye un ataque por sorpresa y debe ejecutarse sin ninguna vacilación y sin estirar el brazo, pues se rompe el codo. Es óptimo si se asesta tras un directo de izquierda al cuerpo, que llevará la atención del rival hacia abajo, dejando su cabeza expuesta. Para asestar un giro de puño, apóyese sobre el pie izquierdo (a), antes de rotar el pie derecho y el cuerpo 180° en la dirección de las agujas del reloj (b). Finalmente, lance un golpe con el dorso del puño contra la sien o la mandíbula de su oponente (c). Asegúrese de voltear su cabeza de modo que pueda ver a su rival. Golpee con la parte del guante correspondiente a los nudillos. El hacerlo con el codo o el antebrazo es falta.

Combinación de golpes

Es importante aprender las combinaciones apropiadas en boxeo y en kickboxing. Las combinaciones que su entrenador le enseñe se han ensayado en el ring o en peleas callejeras, de modo que resultan por 100 eficaces. Las combinaciones de golpes o patadas crean una abertura en la defensa del rival, permitiendo que usted aseste golpes que lo derriben o noqueen.

Combinación de cruzados de izquierda-derecha

Es una combinación clásica de un-dos o izquierda-derecha ejecutada en rápidas sucesiones con la máxima fuerza. El objetivo consiste en poder asestar un poderoso cruzado de derecha contra el rival. El cruzado de izquierda-derecha puede utilizarse como ataque o contraataque, dependiendo de los movimientos del rival. Partiendo de la postura de guardia, dé un paso al frente y lance el cruzado de izquierda-derecha en línea recta contra el rostro del rival (A y B). Practique esta combinación hasta que se convierta en un movimiento automático.

Doble directo de izquierda con cruzado de derecha

Esta combinación se ejecuta igual que el cruzado de izquierda-derecha, salvo que debe doblar el directo de izquierda al tiempo que da un paso al frente, facilitando el camino para el cruzado de derecha. El doble directo de izquierda puede utilizarse solo o combinado.

Combinación de cruzado de izquierda-derecha con gancho de izquierda a la cabeza

Desde la postura de guardia, dé un paso al frente y lance un cruzado de izquierda-derecha a la cabeza, seguido de un potente gancho de izquierda contra el lateral de la mandíbula o la sien. El gancho de izquierda es un golpe letal (uno de los más letales del kickboxing y el boxeo), y cuando se asesta con la máxima potencia y combinado de esta manera, puede ocasionar un derribo o un KO. El objetivo principal de esta combinación es el de provocar una abertura en el oponente y ponerlo a punto para un gancho de izquierda a la cabeza.

↘ **Directo de izquierda al rostro-directo de izquierda al cuerpo-cruzado de derecha a la cabeza**

En esta combinación se golpea, en primer lugar, a la cabeza (A), luego al cuerpo (B) y finalmente a la cabeza de nuevo (C). Debe ejecutarse fluida y rítmicamente, haciendo énfasis en el último cruzado de derecha, asestado con un impacto explosivo. El objetivo consiste en golpear al rival con un potente directo de derecha a la cabeza. Al asestar el directo de izquierda al cuerpo del oponente, debe flexionar las rodillas y bajar un poco el cuerpo. Ello crea la impresión, en la mente del rival, de que usted se concentra para atacar su cuerpo. En su lugar, usted se enderezará para golpear su cabeza con cruzado de derecha.

⤺ Directo de izquierda-gancho de izquierda-uppercut de derecha

Dé un paso hacia el rival y lance un directo de izquierda (A), luego un gancho de izquierda (B), seguido de un fuerte uppercut de derecha en toda la guardia de su oponente (C). Un directo de izquierda seguido de un gancho de izquierda se conoce como «enganchar un directo de izquierda». Para perfeccionar este doble golpe, practique con asiduidad. Es una combinación clásica y se utiliza, normalmente, desde la distancia media. Si el gancho de izquierda no ocasiona daños a su adversario, el directo de derecha romperá su defensa, puesto que atraviesa su guardia. Practique esta combinación repetidas veces con el saco de arena y los paos.

Uppercut de derecha-gancho izquierdo

Esta combinación se efectúa desde el corto alcance y es extremadamente eficaz. Dirija el uppercut de derecha entre los brazos del rival, seguido de un gancho de izquierda contra su mandíbula. Esta combinación también puede usarse cuando el oponente esté contra las cuerdas.

Bolea o swing-golpe en gancho oblicuo o hook-gancho de izquierda-uppercut de derecha

Se trata de una interesante combinación, ya que crea aberturas en la defensa del adversario. Lance un cruzado de derecha a la mandíbula del rival (A) seguido de un golpe en pala de izquierda al hígado (B), un gancho paralelo o crochet a la cabeza (C) y, finalmente, un firme uppercut de derecha (D).

La defensa contra los golpes

La defensa consiste en evitar el impacto del golpe del oponente, así como en contraatacar con su propio golpe. La idea es que Vd. sea capaz de evitar los golpes lanzados contra su cabeza o cuerpo. El golpe puede evadirse mediante esquivas, movimientos serpenteantes de la cabeza y el cuerpo, alejándose o moviéndose a los lados; pero también puede bloquear el golpe con los brazos, antebrazos, hombros o codos. El desarrollo de una buena defensa contra los golpes es esencial, ya que evita que sea golpeado demasiadas veces durante el combate.

⇨ **Bloqueo del directo de izquierda**

Para bloquear golpes directos, el directo de izquierda debe bloquearse con la mano derecha. Colóquese en postura de guardia frente a su compañero de sparring y deje que le lance un directo de izquierda suavemente; bloquéelo con la palma derecha (A). Cuando practique el bloqueo y el sparring, recuerde mantener los ojos abiertos en todo momento.

Tras practicar repetidamente el bloqueo de los directos de izquierda asestados por su compañero, empiece a contraatacar con su propio directo de izquierda hacia el rostro (B).

Al bloquear el directo de izquierda de su rival, asegúrese de mantener el equilibrio y eludir el golpe a escasos centímetros de la cabeza.

⇨ **Bloqueo del directo de derecha**

Cuando su compañero lance un directo de derecha desde una postura de guardia normal, bloquee su puño derecho con la mano izquierda y su propio directo de derecha hacia la mandíbula. Si pierde su posición y nota que ha dejado caer la mano izquierda, bloquee el directo de derecha con el hombro izquierdo. Encoja el hombro izquierdo y gire a la derecha, escondiendo la barbilla tras el hombro. El golpe derecho de su rival aterrizará sobre su hombro.

⇨ **Parada de golpes directos al cuerpo**

Para bloquear un directo de izquierda al cuerpo, gire hacia la izquierda y parar el golpe con el antebrazo derecho o el codo (a). Para parar un directo de derecha al cuerpo, gire a la derecha y pare el golpe con el codo izquierdo (b).

⇨ **Parada de ganchos izquierdos y derechos a la cabeza**

Los ganchos izquierdos a la cabeza deben pararse con el antebrazo derecho (b). A continuación, puede contraatacar el gancho de izquierda con un uppercut de izquierda a la barbilla de su rival. Los ganchos derechos a la cabeza se paran con el antebrazo izquierdo (B). Contraataque con un golpe en pala derecho o un uppercut de derecha.

⇨ **Parada de un uppercut de derecha**

Para detener un uppercut derecho a la cabeza o al cuerpo, debe dejar caer el antebrazo o la mano sobre el puño o antebrazo que pretende asestar el golpe (C). A continuación, puede contraatacar con su propio gancho izquierdo a un lado de la cabeza.

⇨ Desvío y parada de golpes

Se utilizan para los golpes directos al cuerpo o la cabeza. Al mismo tiempo que su compañero lanza un directo de izquierda a la cabeza, usted debe desviar el golpe con la mano derecha abierta. El directo de izquierda de su oponente pasará por encima de su hombro izquierdo (A). El desvío de un golpe no constituye ningún esfuerzo y no afectará a su equilibrio, pero sí al del rival, poniéndolo a punto para recibir un gancho de izquierda al cuerpo.

⭢ Parada de un directo de derecha a la cabeza

Al mismo tiempo que su rival lanza un directo de derecha a la cabeza, debe parar su muñeca con la mano izquierda abierta (a). A continuación, contraataque con un directo de derecha al cuerpo.

Esquivas

La esquiva es un movimiento defensivo en el que usted hace que su rival yerre el golpe sin haber establecido ningún contacto. Es el mejor método de defensa porque deja al rival sin equilibrio, brindándole a usted la oportunidad de contraatacar. La evasión se logra deslizándose, moviendo la cabeza y serpenteando, mediante el juego de pies y el alejamiento. La mejor forma de evasión es cuando no se permite el contacto del oponente, ya que lo deja sin equilibrio. Ello se logra deslizándose, inclinando la cabeza o moviéndose a los lados.

⇦ Esquiva del directo de izquierda a la cabeza

Deje que su compañero le lance un lento directo de izquierda a la cabeza. Deslícese a la derecha y adelante, y hacia abajo del hombro izquierdo (A). Practique este movimiento para evitar los directos de izquierda unas 30 veces, hasta que se conviertan en costumbre, y entonces estará preparado para contraatacar. Cuando su compañero le lance el directo de izquierda, deslícese rápida y habilidosamente, dé un paso hacia delante y aseste un golpe izquierdo al cuerpo del rival.

Esquiva del cruzado de derecha a la cabeza

Cuando su compañero le lanza un directo de derecha a la cabeza, esquívelo a la izquierda moviendo el hombro derecho hacia delante y abajo. El golpe pasará por encima de su hombro derecho. Tras un tiempo de práctica, se acostumbrará a esquivar este golpe y estará preparado para contraatacar con su propio directo de derecha.

⇦ Inclinación de cabeza y rotaciones

La idea es que su cabeza sea un objetivo en movimiento, con lo que el rival no estará seguro sobre la dirección a la que usted se deslizará cuando lance un golpe (A). Para que sea verdaderamente eficaz, la inclinación de la cabeza y el serpenteo siempre deben ejecutarse con un movimiento fluido y relajado.

Inclinación de la cabeza y rotación contra un gancho izquierdo a la cabeza

Al tiempo que su compañero le lanza un gancho de izquierda a la cabeza, incline ésta rápidamente hacia abajo y serpentee hacia la derecha (a). Cuando el golpe pase por encima de su cabeza, usted podrá enderezarse y contraatacar con un directo de derecha directo a la mandíbula (b).

Inclinación de la cabeza y rotación contra un gancho de derecha a la cabeza

Cuando su rival lance un gancho de derecha a la cabeza, muévala hacia abajo y serpentee hacia la izquierda, enderécese y lance su propio gancho de izquierda a la cabeza del rival.

⇨ Separación

Cuando su compañero le lanza un directo de izquierda, inclínese hacia atrás, dejando su peso sobre su pie derecho (A).

El golpe de su compañero irá bajo y directo y podrá contraatacar con su propio golpe o con un directo cruzado al tiempo que echa su peso hacia delante.

Algunos kickboxers bajan sus brazos para lograr una rotación del cuerpo hacia atrás.

Técnica de las patadas

Las patadas resultan tres o cuatro veces más eficaces que los de puño, especialmente cuando se dirigen al cuerpo del rival. Procure patear con la mayor potencia posible, colocando sus caderas tras la patada. En los combates de full-contact, las patadas débiles y poco efectivas no obtienen puntos. Recuerde que las patadas siempre deben ir seguidas de golpes o, si golpea en primer lugar, encadene con una patada. Al patear, debe hacerlo en un solo movimiento fluido.

⇨ **Patada frontal**

La patada frontal se ejecuta igual que el directo de izquierda en boxeo. Cuando su rival se acerque para atacar, puede detenerlo con una fuerte patada frontal izquierda dirigida al tronco o utilizar la patada frontal como un ataque de medio o largo alcance. Desde la postura de guardia, levante la rodilla, apúntela al tronco de su oponente (A) y ejecute una potente patada frontal (B). Para desarrollar patadas potentes debe practicar largamente con el saco de arena. La planta del pie es la superficie golpeadora. Los principiantes tienen tendencia a mantener los dedos de los pies rectos, lo que puede causarles lesiones.

⇦ **Patada frontal con la pierna atrasada**

La patada frontal con la pierna atrasada es más potente que la patada frontal con la pierna delantera, ya que se obtiene un mayor impulso al utilizar las caderas y el cuerpo para dirigir la patada hacia el rival. La patada frontal se ejecuta de manera similar a un directo de izquierda. Puede mantener a raya al rival o detenerlo cuando intente atacar, dejándolo expuesto al contraataque.

Patada circular

La patada circular es la más utilizada en el kickboxing. Se ejecuta dirigiendo todo el impacto y la fuerza de la parte baja de la espinilla contra el cuerpo o la cabeza. La potencia generada en la patada circular por la rotación del pie de apoyo, caderas y cuerpo, resulta explosiva.

⇨ **Patada circular delantera**

Para lanzar una patada circular izquierda a la cabeza o el cuerpo, levante la pierna izquierda a unos 45° y apunte la rodilla hacia el área del rival que desea golpear (A). Apóyese sobre el pie derecho y rote sus caderas al tiempo que lanza la patada (B).

⇩ **Patada circular con la pierna trasera**

Para lanzar una patada circular con la pierna trasera, levante la pierna derecha unos 45°, apunte la rodilla hacia el objetivo (a), apóyese sobre el pie izquierdo y rote sus caderas al tiempo que patea hacia la cabeza o el cuerpo de su oponente (b).

⇩ Patada lateral penetrante

Deslice la pierna izquierda, levante la derecha e incline la rodilla (A); a continuación lance una patada en línea recta contra el cuerpo del rival, haciendo contacto con la planta o canto del pie. Es importante inclinar el cuerpo hacia atrás cuando ejecute esta patada. La patada lateral penetrante puede usarse como ataque o defensa.

Constituye una de las patadas más potentes del kickboxing y debe practicarse diariamente en el saco de arena, al igual que todos los tipos de patadas. El elemento crítico de esta patada es el giro potente de las caderas, que dirige el talón del pie contra el cuerpo del adversario. De lo contrario, la «patada» no será más que un empujón.

⇩ Patada recta en giro

Para que esta patada resulte efectiva, debe ejecutarse en un solo movimiento veloz (aunque aquí la mostramos en tres movimientos). A partir de la postura de guardia (A), apóyese sobre el pie delantero y deslice el pie derecho hacia su derecha, dando la espalda al rival

(B). Mírelo por encima del hombro derecho, levante la rodilla derecha y lance la patada sobre la región media de su cuerpo (C). Al lanzar esta patada, recuerde hacerlo en un solo movimiento rápido.

⇧ Patada en gancho

La patada en gancho, o patada circular a la inversa, resulta muy engañosa, ya que rodea la guardia del oponente. Para ejecutar una patada adelantada en gancho, deslice el pie de atrás en un solo movimiento, reemplazando la posición del pie delantero; levante la pierna izquierda llevando la rodilla hacia su propio cuerpo (A). Apóyese sobre el pie derecho y eche el cuerpo hacia atrás al tiempo que lanza la patada en gancho desde fuera y alrededor de la guardia de su oponente (B).

⇧ Patada descendente

La patada descendente se ejecuta con un movimiento de arriba hacia abajo sobre el objetivo, que puede ser la cabeza, el rostro o la parte superior de los hombros del rival. Su nombre proviene del taekwondo y es el movimiento descendente empleado al cortar leña. La patada de hacha es muy fácil de evadir, de modo que debe ser ejecutada en el momento preciso, cuando su oponente esté aturdido o sin equilibrio. Para efectuar una patada descendente delantera izquierda, gire la pierna izquierda hacia fuera y a la izquierda del cuerpo de su rival (A) en un movimiento circular sobre la altura de la cabeza. Patee con el talón sobre su rival.

↘ Patada girada en gancho

Para ejecutar esta patada a media distancia desde la postura de guardia (a), apóyese sobre el pie delantero al tiempo que rota el cuerpo 180° (b) y gira la pierna derecha en un arco, dirigiendo la patada contra la cabeza del oponente (c). Esta patada genera una potencia enorme y, si aterriza correctamente sobre el blanco, suele provocar un derribo o un KO. Generalmente, esta patada se lanza tras un ataque que combine varios golpes contra la cabeza del rival o cuando éste haya bajado la guardia.

⇩ Salto con patada frontal

Se utiliza en un ataque sorpresa y se dirige al rostro del adversario. Partiendo de la postura de guardia, salte hacia arriba y encoja las rodillas contra su pecho (A), antes de soltar una patada frontal con la pierna izquierda contra la cara del rival (B).

⇨ Salto con patada lateral

Se usa tras sorprender al rival con un golpe o patada, o si éste se bate en retirada. Incluso si el oponente lograse bloquear la patada, la fuerza lo impulsará hacia atrás, creando aberturas para sucesivos ataques. Partiendo de la postura de guardia, salte hacia arriba y adelante, llevando la pierna derecha hacia el pecho, para luego soltarla contra el cuerpo de su oponente (A).

Low kicks (patadas bajas)

Se permiten en competencias de kickboxing y en el boxeo tailandés. No ocurre lo mismo en los combates full-contact, en los que sólo están permitidos los golpes y patadas de la cintura para arriba. El low kick puede tener efectos devastadores y es la causa de más de un KO técnico o muscular.

⇨ Low kick exterior (low kick de derecha)

Esta patada se lanza contra el exterior del muslo izquierdo del rival, usando el empeine o la parte inferior de la espinilla. La técnica es la misma de las patadas circulares, excepto que en este caso, la patada se lanza a las piernas del rival. Partiendo de la postura de guardia, apóyese sobre el pie delantero y rote las caderas y el cuerpo al tiempo que dirige la patada baja contra el exterior del muslo de su adversario (a).

⇦ Low kick interior (low kick de izquierda)

Apóyese sobre el pie derecho y dirija la patada hacia el interior del muslo de su rival (A). Los low kicks deben encadenarse tras un ataque con golpes a la cabeza del rival, que facilita el camino para lanzar un low kick interno o izquierdo a sus piernas. Al hacerlo, recuerde mantener la guardia, ya que su adversario podría contraatacar con un cruzado de derecha o un fuerte directo de izquierda.

Golpes de rodilla

Estos golpes están permitidos en el boxeo tailandés. La rodilla es un arma muy potente en la autodefensa de los combates de distancia corta y puede usarse para atacar el bajo vientre, el lateral de las costillas, el plexo solar o la cara. Arquee la zona lumbar y empuje las caderas hacia adelante para asegurar el máximo impacto.

⇦ Golpe de rodilla frontal

Para ejecutarlo, sujete firmemente a su oponente poniendo ambas manos por detrás de su cabeza, empuje hacia abajo y contra la rodilla, golpeándolo en la cabeza o en la barriga. Puede golpear a su oponente alternando la rodilla izquierda y la derecha. Manténgase derecho y no permita que su oponente baje la cabeza.

⇩ Golpe de rodilla lateral

Sujete la cabeza de su oponente, levante la pierna derecha hacia un lado (A) y golpee el cuerpo de su rival con la rodilla (B). En esta posición cerrada, es posible lograr una combinación muy eficaz, golpeando su caja torácica con ambas rodillas. Cada vez que esté cerca del rival, recuerde que puede sujetarlo y asestarle golpes de rodilla.

A

B

⇦ Salto con golpe de rodilla

Constituye un ataque por sorpresa y debe ejecutarse en un solo movimiento rápido. Al tiempo que salta hacia su rival, sujete su cabeza y empújela hacia abajo con sus brazos al tiempo que le asesta un golpe de rodilla. Esta técnica se permite cada vez que se encuentre en el rango adecuado, porque se trata de un ataque por sorpresa y debe ser ejecutada sin vacilaciones.

Golpes de codo

Se usan en el Muay Thai o el boxeo tailandés, y constituyen un arma extremadamente poderosa, debido a que el codo es, obviamente, una de las partes más duras del cuerpo. En la distancia corta y como autodefensa, el codo constituye un arma mortal, al igual que la rodilla. Los golpes de codo se ejecutan desde el corto y el medio alcance. Asegúrese de rotar las caderas y hombros en todos los golpes de codo, con el fin de asegurar el máximo impacto.

⇨   ### Golpe de codo circular

Se ejecuta como un gancho pero, en lugar del puño, usted debe batir el codo hacia el oponente para un golpe potente a la cabeza. Los golpes de codo pueden usarse contra el rival como ataque o contraataque, tras bloquear un directo de izquierda o derecha al cuerpo o la cabeza. También puede complementar un directo de izquierda o derecha a la cabeza con un golpe de codo, efectuado con el mismo brazo.

⇦   ### Golpe de codo descendente

El golpe de codo hacia abajo se usa cuando su rival se acerca con la cabeza baja, intentando taladrarlo. También puede usarse para golpear la parte superior de su cabeza. Para efectuarlo, salte cerca de él y entonces, al tiempo que baje, golpéelo con el codo contra la parte superior de la cabeza. También puede utilizar este tipo de golpe de codo empujando su cabeza hacia abajo tras sujetarlo por la nuca. Cuando haga sparring use estas técnicas con mucha precaución.

⇨ **Golpe de codo ascendente**

A partir de la postura de guardia, lance un golpe con el codo izquierdo apuntando hacia arriba en toda la cara del rival. Para lanzar este golpe debe acercarse a la guardia de su rival, a corto alcance. Para poder ejecutar este golpe, debe meter uno de sus brazos dentro de este espacio, en medio de la guardia del adversario.

⇦ **Golpe de codo lateral**

Desde la postura de guardia dé un paso adelante y aseste un golpe de codo a su oponente. Tal y como muestra la foto, un golpe de codo lateral normalmente se ejecuta al esquivar un directo a la cabeza.

⇨ **Giro de codo**

Normalmente se usa después de una combinación de golpes de izquierda y derecha. Gire 180° y golpee a su rival con un giro de codo. Dado que esta técnica se utiliza como ataque sorpresa, la distancia y el giro deben sucederse en perfecto orden para resultar exitosos. Este golpe constituye una técnica excepcionalmente eficaz como autodefensa en peleas callejeras.

Barridos

Barrer las piernas del rival ocasiona su pérdida de equilibrio, permitiendo a usted continuar la acción mediante golpes o patadas. Un barrido limpio también puede provocar que su oponente caiga al suelo.

⇨ Barrido exterior

A partir de la postura de guardia, haga una finta con un golpe de izquierda al tiempo que barre su pie con el talón; ello debería hacerle perder el equilibrio.

⇩ Barrido interior

Se ejecuta de manera similar al exterior, salvo que el barrido se produce por dentro de la pierna izquierda del rival. Tras el barrido interno, aseste un directo de derecha a la mandíbula.

⇨ Segado de media vuelta

Haga una finta de un directo de izquierda a la cabeza del rival, gire 180°, agáchese y siegue la parte interna de la pierna del oponente con la parte inferior de la pierna derecha. Continúe con un golpe a la cabeza con el revés del puño.

Combinaciones de golpes y patadas

El secreto del éxito durante un combate de kickboxing o una pelea callejera reside en utilizar las combinaciones adecuadas. La regla de oro en estos casos es encadenar con una patada, después de dar un golpe. Si ataca con una patada, siga con un golpe. Estas combinaciones deben practicarse en el saco de arena.

Combinación 1

Patada frontal con la pierna izquierda y golpes izquierda-derecha a la cabeza. Deslícese y lance una patada frontal potente al cuerpo del rival (A). Continúe inmediatamente con una combinación de golpes de izquierda y derecha a la cabeza (B y C). Esta es una combinación básica de ataque. Al atacar el cuerpo del adversario con una patada frontal, se logra bajar su guardia, haciendo más fácil que usted aseste una combinación de golpes de izquierda-derecha a la cabeza.

Combinación 2

Lance golpes de izquierda-derecha a la cabeza (A y B) y continúe con una potente patada circular al cuerpo (C). El objetivo de todas las técnicas de combinación del kickboxing es el de crear aberturas en la defensa del oponente que usted pueda explotar para lanzar golpes y patadas eficaces al cuerpo o la cabeza. Si la defensa del adversario es buena, ocurre con frecuencia que la última combinación ejecutada es la que verdaderamente da en el blanco. Es importante ejecutar todas las técnicas de cada combinación con toda la fuerza posible. Todas las combinaciones deben practicarse diariamente durante el sparring, así como durante el trabajo con sacos.

Combinación 3

Lance una patada lateral penetrante al cuerpo (A), seguida de una patada girada en gancho a la cabeza (B). Esta combinación se aplica tras hacer una finta con un directo de izquierda o derecha a la cabeza del rival. La finta tiene como objeto hacer que éste levante la guardia, permitiendo que usted ejecute una patada penetrante lateral a su zona media, tras el cual usted podrá atacar a la cabeza con una patada girada en gancho.

Las combinaciones en el kickboxing son infinitas y su entrenador le enseñará sus múltiples variaciones, dependiendo de su estilo individual, puntos fuertes, debilidades y habilidades como luchador.

Combinación 4

Lance un directo de izquierda a la cabeza del rival (A), seguido de una patada directa en giro al cuerpo (B) y un directo con el puño del revés (C); finalmente, un golpe con la izquierda a su cabeza (D). Ejecute una combinación en un solo movimiento. Considere todas estas técnicas como una sola y practique.

ENTRENAMIENTO Y SPARRING

El kickboxing, como cualquier otro deporte, requiere dedicación y compromiso. Dado que incorpora técnicas potencialmente peligrosas, es esencial entrenar con concentración y regularidad, para asumir el control de los movimientos y usarlos con precisión y seguridad en el momento adecuado, sin causar daños irreparables a su compañero u oponente.

La experiencia no se obtiene observando a otros o leyendo sobre la manera de efectuar patadas o golpes, aunque estas opciones también son útiles. Sólo el entrenamiento y el sparring activos, contra un adversario invisible o real, le permitirá practicar las técnicas aprendidas y saber cómo atacar y contraatacar en una situación real de presión. El sparring le ayudará a evaluar sus propias fortalezas, así como contraatacar sus debilidades concentrándose en los aspectos que necesiten mejorar. De la misma manera, aprenderá a hacerse una idea de las fortalezas y debilidades de su oponente, así como a evadir los movimientos potentes y a utilizar los débiles en provecho propio.

Los beneficios del kickboxing son numerosos, así como los retos y recompensas que representa, pero sólo se pondrán de manifiesto con el entrenamiento regular. Si realiza pocos entrenamientos y a intervalos, no alcanzará la forma física deseada, ni tonificará o reafirmará su cuerpo.

El programa de entrenamiento que hemos diseñado en este capítulo debe efectuarse seis días a la semana, en los casos de preparación para una pelea de kickboxing. Si se está entrenando para clasificaciones, acondicionamiento, puesta en forma, autodefensa o para mejorar sus habilidades, debe seguir este entrenamiento tres veces por semana.

El programa debe iniciarse siempre con los ejercicios de calentamiento y estiramientos, para evitar la posibilidad de lesiones. Pelear contra su sombra o boxear, además del sparring verdadero, constituyen las mejores formas de acondicionamiento y agilización de los reflejos.

El trabajo con los sacos y punchball desarrolla todos los músculos utilizados en los golpes y patadas, permitiéndole convertirse en un potente pateador o golpeador. Las manoplas mejoran la velocidad, la fuerza y la sincronización, factores que nunca deben dejarse de lado. Los paos son esenciales, especialmente para quienes practican el boxeo tailandés y el kickboxing, cuando se practican las patadas altas y bajas, así como los golpes con codos y rodillas. El entrenamiento con la bolsa de velocidad y el saco salchicha ayuda a mejorar la sincronización, la velocidad y la vista.

Pero el sparring continúa siendo el aspecto más importante del acondicionamiento del cuerpo y la mente con vistas a un combate. Lo mejor es terminar cada sesión con ejercicios de fuerza que fortalezcan y endurezcan los músculos, además de añadir potencia a sus técnicas de kickboxing.

También resulta fundamental comer adecuadamente. Debe ingerir los nutrientes necesarios para su salud, forma física y para prevenir enfermedades. Coma solo alimentos naturales y sanos, y beba zumos de vegetales y frutas. Tome suplementos vitamínicos y minerales.

Debe seguir rigurosamente un programa científico de entrenamiento. Asimismo, es importante que mantenga en todo momento una actitud mental positiva y que se entrene concentrado su atención en todo lo que hace.

Además del entrenamiento organizado por su instructor, deberá entrenarse diariamente por su cuenta. Trabaje un aspecto individual del kickboxing cada día en casa (por ejemplo, las patadas), lo que le permitirá perfeccionar sus técnicas con la mente clara, en lugar de intentar abarcar mucho al mismo tiempo.

página opuesta: EL BOXEADOR THAI DE LA DERECHA HA ATRAPADO A SU OPONENTE CONTRA LAS CUERDAS Y ESTÁ A PUNTO DE COMPLETAR UN GOLPE DE RODILLA AL CUERPO.
arriba: UNA PATADA BAJA ES CONTRARRESTADA CON UN BLOQUEO DE LA PIERNA DELANTERA

Práctica de ejercicios y entrenamientos de kickboxing
Ejercicios de calentamiento y estiramiento

No empiece nunca el entrenamiento sin precalentar, incluyendo los ejercicios de estiramiento, para mejorar la flexibilidad.

⇦ **Ejercicio 1: Correr en el mismo sitio**

Levante las piernas y mueva los brazos al tiempo que corre sin moverse del sitio. Este ejercicio puede hacerse a paso lento, medio o rápido. Es un fantástico ejercicio cardiovascular.

⇨⇘ **Ejercicio 2: Saltos laterales**

En pie con los pies juntos, salte y abra las piernas, aterrizando con las piernas extendidas. Salte de nuevo y vuelva a la posición original. Repita varias veces.

⇩ **Ejercicio 3: Saltos con golpes de rodilla**

Mientras salta rebotando, levante una rodilla hacia el pecho al tiempo que levanta sus brazos al nivel de la rodilla. Repita alternando las rodillas.

Haga 10-20 repeticiones de estos ejercicios

⇨ **Ejercicio 4: Círculos con los brazos**

Gire los brazos hacia delante hasta formar un círculo completo. Repita 15 veces. Gire los brazos hacia atrás de la misma manera. Haga 15 repeticiones. Este ejercicio sirve para calentar los hombros, los brazos y los músculos superiores de la espalda. Al igual que otros ejercicios, puede ejecutarse a ritmo lento, medio o rápido.

⇦ **Ejercicio 5: Flexiones laterales**

Estire el cuerpo suavemente hacia la derecha, sostenga la posición durante unos instantes. A continuación, estírese hacia la izquierda, manteniendo sus brazos en arco sobre su cabeza y hombros, al tiempo que se mueve de un lado a otro. Las flexiones laterales calientan y estiran todos los músculos laterales del cuerpo. Mantenga las piernas rectas mientras ejecuta el ejercicio, así tendrá la certeza de que obtiene el máximo provecho. Con cada repetición debe intentar estirarse hasta llegar cada vez más abajo.

⇨ **Ejercicio 6: Estiramientos hacia adelante y atrás**

Estírese hacia atrás y sostenga la posición mientras cuenta hasta tres. A continuación, inclínese hacia delante hasta tocar el suelo, de nuevo hasta tres. Es importante sostener la zona lumbar durante los estiramientos hacia atrás.

Haga 10-20 repeticiones de estos ejercicios

⇨ Ejercicio 7: Giros laterales

Gire el tronco hacia la izquierda y luego a la derecha, con los brazos al nivel del pecho. Este ejercicio calienta y tonifica los músculos abdominales. El giro lateral involucra el mismo movimiento de los ganchos o los golpes en pala. Asegúrese de girar sobre la planta del pie derecho, y viceversa, para garantizar un movimiento giratorio fluido. Es la misma técnica que la de los ganchos en el sparring.

⇦ Ejercicio 8: Saltos en cuclillas

En pie con los pies juntos. Agáchese manteniendo la espalda recta, para luego saltar mientras endereza las piernas. Este ejercicio fortalece y desarrolla las piernas, especialmente los muslos. Puede empezar con 10 repeticiones e incrementar paulatinamente los saltos hasta llegar a 50 repeticiones. Dado que los saltos en cuclillas fortalecen los músculos de las piernas, sus patadas serán más potentes.

Repita estos ejercicios 10-20 veces

⇨ Ejercicio 9: Abdominales

Estírese boca arriba sobre el suelo. Incorpórese y levante las rodillas simultáneamente. Todas las variaciones de estos ejercicios tienen como objetivo el acondicionamiento, tonificación y desarrollo de los músculos
abdominales. El dominio de la sección media del cuerpo es vital para un kickboxer: un golpe fuerte o una
patada al estómago puede dejarlo sin aire, ocasio-
nando, con toda probabilidad, la derrota. En
una pelea callejera, quedarse sin
aire le pondrá a merced de su(s)
atacante(s).

⇩ Ejercicio 10: Planchas

Partiendo de la posición de planchas, doble sus brazos
hasta que su pecho toque el suelo. Estire los brazos para
completar la plancha. Utilice los puños como en la figura,
pero sólo cuando haya desarrollado la fuerza y seguridad
suficientes. Cuando el peso se sostiene exclusivamente
sobre los dedos de los pies y los puños, es posible que las
mujeres carezcan de la fuerza suficiente en la parte superior del cuerpo para ejecutar estas planchas. En ese caso,
es posible bajar las rodillas hasta el suelo.

Repita estos ejercicios 10-20 veces

10a

10b

Práctica de estiramiento

⇨ **Estiramientos de piernas abiertas**

En pie con las piernas abiertas, dóblelas, «rebotando» suavemente, hasta alcanzar el punto más bajo posible. Con la práctica, aumentará la elasticidad de los músculos, permitiéndole llegar más abajo. Es un estiramiento avanzado, no apto para principiantes.

⇩ **Estiramiento frontal de piernas**

Doble la pierna derecha y estire la izquierda hacia delante, con los dedos apuntando hacia arriba. Estire los músculos rebotando suavemente las caderas.

B

⇨ **Giros con la pierna estirada**

En pie, gire la pierna derecha hacia delante y luego a un lado (A). Asegúrese de que mantiene la pierna estirada para un estiramiento máximo. Repita con la pierna izquierda (B).

A

En este punto, usted debe haber calentado sus músculos y está listo para empezar el entrenamiento completo de kickboxing.

Repita estos ejercicios 10-20 veces

Práctica de entrenamientos y ejercicios de kickboxing

⇦ Saltar a la comba

Desarrolla la coordinación, la resistencia y el juego de piernas. Comience a ejercitarse saltando a la comba durante 15-20 minutos. Aprenda a saltar moviendo un pie hacia delante y el otro hacia atrás alternativamente. También puede dar dos vueltas con la cuerda en cada salto. Una vez que sea lo suficientemente competente, le resultará más entretenido ir improvisando.

⇨ Sparring individual

Hacer sparring contra un contrincante imaginario (hacer «sombra») es, después del sparring real, el mejor ejercicio para poner el cuerpo en condiciones y afinar la técnica. Durante este tipo de sparring debe imaginar que pelea contra un rival real. La idea es ejecutar todos los movimientos ofensivos y defensivos con la mayor velocidad posible.

Trabajo con sacos

Golpear y patear el saco de arena es fundamental, ya que desarrolla todos los músculos necesarios para convertirse en un pateador y golpeador potente. Todas las sesiones de entrenamiento deben incluir 5 ó 6 ciclos con el saco de arena.

A continuación, debe emprender 2 ó 3 asaltos con manoplas, tres con los paos, dos con la speedball y dos más con el saco salchicha. Cada asalto debe tener una duración de tres minutos. Tómese un minuto de descanso entre asaltos.

Si es principiante, debe practicar con el saco sólo una técnica a la vez, hasta que alcance un nivel más avanzado. Por ejemplo, comience sólo con directo de izquierdas contra la bolsa, luego directo de derechas, luego patadas frontales, y así sucesivamente con el resto de las técnicas. Una vez que alcance un cierto grado de competencia, podrá empezar a ejecutar combinaciones en el saco.

Entrenamiento con punchball

Mejora su sincronización y velocidad. Para entrenar con él, comience con un directo de izquieda, continúe con un bloqueo izquierdo con el dorso de la mano, o comience con un directo de derecha, seguido de un bloqueo derecho con el dorso de la mano. También puede hacer toda la combinación a ritmo militar. Este entrenamiento contribuye al desarrollo de los músculos y la sincronización de los golpes en medio de la vorágine de la pelea, así como en el desarrollo de un potente bloqueo con las manos. Debe practicar los directos y ganchos.

Entrenamiento con pelota suelo a techo

Esta pieza entrena la vista y agudiza al máximo los reflejos. Practique golpes cortos «rat-a-rat» con las dos manos. También puede practicar los ganchos y uppercuts. Simultáneamente, alterne movimientos serpenteantes y deslizantes cada vez que la bolsa regresa a usted tras golpearla. Este entrenamiento también resulta fantástico para practicar distancias y sincronización, factores importantes del sparring y los combates.

Trabajo con manoplas

Este tipo de trabajo desarrolla en grado sumo la velocidad, potencia y sincronización. El instructor se encarga de marcar los movimientos y combinaciones que deben practicarse. Este entrenamiento debe ejecutarse a la máxima velocidad y potencia posibles. Es un trabajo extremadamente duro y exige concentración total. Practique las combinaciones de golpes, traseras en giro, circulares, en gancho y patadas frontales. Concéntrese, en todo momento, en la perfecta ejecución de estas técnicas. Su entrenador le marcará las prácticas necesarias para que usted practique los movimientos de cabeza y el serpenteo (bob & weaving).

Trabajo con paos

Los paos añaden muchas posibilidades al entrenamiento. Puede utilizarlos para practicar golpes, patadas, golpes con rodillas y codos y combinaciones varias. Su entrenador puede intensificar la velocidad según su criterio.

Sparring: la parte fundamental del entrenamiento

El sparring es, con diferencia, el aspecto más importante del desarrollo, acondicionamiento y concentración del cuerpo y la mente para el combate. Es irreemplazable y debe llevarse a cabo en cada sesión de entrenamiento, especialmente durante la preparación para combates incipientes. No sólo mejora sus habilidades, también templa el cuerpo para la pelea, forzando los músculos a acostumbrarse a los movimientos explosivos y «fragmentados» que distinguen al kickboxing de cualquier otro deporte.

En virtud de la fuerza con la que los movimientos de kickboxing se ejecutan repetidamente, se trata de un deporte muy agotador. Además, cuando se está en combate o haciendo sparring, la cabeza y el cuerpo reciben golpes y patadas, lo que fortalece y acondiciona el cuerpo, desarrollando músculos de acero.

La puesta en condiciones es de gran importancia. El cuerpo debe ser capaz de soportar varios combates con sparring. Un kickboxer que no haya sostenido una práctica adecuada de sparring estará completamente exhausto tras 1 o 2 minutos. Por tanto, éste continúa siendo fundamental en el entrenamiento de cualquiera que tenga aspiraciones de éxito.

Si se está preparando para un combate amateur, todos los días de entrenamiento deben incluir cuatro asaltos de sparring. Si se prepara para pelear por un título profesional, deberá practicar, al menos, 8 o 10 asaltos diarios. Su entrenador deberá controlar el tiempo de los asaltos, de tres minutos cada uno. Descanse durante un minuto entre asaltos.

SÓLO TRAS AÑOS DE ENTRENAMIENTO PODRÁ EMULAR LA FUERZA Y PRECISIÓN DE ESTE KICKBOXER. ÉL HA UTILIZADO UNA EXTENSIÓN COMPLETA DE LA PIERNA PARA EJECUTAR UNA PODEROSA PATADA GIRADA EN GANCHO

Termine su entrenamiento con ejercicios dinámicos de fuerza.

Ejercicios dinámicos de fuerza

Si es usted un principiante, entonces deberá intentar diez repeticiones de cada uno de los ejercicios de fuerza que le mostramos a continuación. A medida que progrese, su instructor irá aumentando las repeticiones a 20, en algunos ejercicios, e incluso a 100 en otros (como los abdominales). Si es usted un kickboxer amateur o profesional y se prepara para una próxima pelea, su instructor intensificará los ejercicios de fuerza, haciéndole practicar tres ciclos de cada extensión y con el mayor número de repeticiones posible. Su instructor deberá llevarlo hasta el punto de la extenuación.

⇨ ## Ejercicio1: Encogimiento de hombros

Alce a su compañero sobre sus hombros (A), como si estuviese levantando a un campeón tras la victoria, y póngase en cuclillas entre 30-50 veces (B) para fortalecer sus piernas. Los principiantes deben empezar paulatinamente y nunca deben levantar un peso mayor que el suyo. Al practicar este ejercicio, es importante mantener la espalda recta en todo momento, con el fin de evitar lesiones. Si es usted principiante empiece con 5 a 10 repeticiones. A medida que vaya haciendo progresos, aumente el número hasta que pueda hacer 20 repeticiones. Entonces podrá hacer más ciclos, como por ejemplo, dos ciclos de 20 y luego tres ciclos más.

⇩ ## Ejercicio 2: Planchas inclinadas

Deje que su compañero lo sujete por los tobillos mientras usted ejecuta de 30 a 50 planchas. Mantenga la espalda recta al practicarlos y baje su cuerpo hasta que su pecho toque el suelo (b), luego enderece los brazos en el momento de subir (a). Las planchas desarrollan y fortalecen los músculos de los brazos, pecho y hombros, lo que resulta esencial para mejorar su potencia golpeadora. Algunos kickboxers, especialmente aquellos que provienen de otras artes marciales, también hacen planchas sobre sus puños o dedos para fortalecer los puños y las manos.

Ejercicio 3: Planchas en vertical

Haga la vertical mientras su compañero abraza sus rodillas para proporcionarle un mayor apoyo y equilibrio. A continuación, ejecute 20 planchas boca abajo.

Este ejercicio es de difícil ejecución, ya que usted debe empujar todo el peso de su cuerpo hacia arriba. Si intenta este ejercicio por primera vez, debe dejar que su compañero le ayude, levantando su cuerpo a la altura de las rodillas en el momento en que usted empiece a hacer la plancha. A medida que desarrolla los músculos de los brazos y hombros, y aumenta su fuerza, podrá empezar a hacer las planchas utilizando su propia fuerza. Este ejercicio desarrolla una fuerza enorme en sus brazos y hombros, y puede llegar a dominarse si se practica regularmente.

Ejercicio 4: Abdominales

Acuéstese boca arriba y enganche sus pies tras las pantorrillas de su compañero, que deberá hacer lo mismo. A continuación, ambos deberán hacer de 10 a 20 abdominales sincronizadamente. Puede variar este ejercicio si gira el cuerpo a la derecha e izquierda cada vez que se incorpora. Ello acondicionará y fortalecerá los músculos laterales de los abdominales.

⇨ **Ejercicio 5: Estiramientos de piernas**

Al tiempo que ejecuta una lenta patada lateral a la izquierda en dirección a su compañero, éste deberá sostener su pie y su mano izquierda, sirviendo de apoyo para que usted pueda conservar el equilibrio a medida que él estira su pierna hacia arriba. Si usted todavía no ha desarrollado demasiada flexibilidad, su compañero debe empezar muy suavemente, y debe parar de inmediato si usted mani-fiesta incomodidad. Esto es muy importante para evitar lesiones en los músculos de las piernas.

⇦ **Ejercicio 6:
Flexiones hacia delante**

Este ejercicio fortalece la zona lumbar. Deje que su compañero pase las piernas por detrás de su cintura y sujete las manos por detrás de su cuello. Manteniendo su espalda y su cuello rectos en todo momento, doble el cuerpo hacia delante hasta que su columna vertebral esté casi paralela al cuerpo y regrese entonces a su posición original. Repita 20-30 veces. Para comenzar, puede hacer este ejercicio con las piernas dobladas, hasta que su espalda esté lo suficientemente fuerte como para realizarlo con las piernas rectas.

⇨ ⇦ **Ejercicio 7: Puente con la nuca**

Este ejercicio sirve para fortalecer su cuello. Es indispensable que los kickboxers desarrollen la fortaleza del cuello, para poder absorber los golpes de su oponente y las patadas a la cabeza. Estírese boca arriba, levante su cuerpo del suelo apoyándolo sobre la parte superior de su cabeza. Meza su cuerpo suavemente adelante y atrás, cada movimiento hará trabajar los músculos del cuello. Para empezar, puede hacer 5 repeticiones. Si su cuello es débil, puede poner ambas manos sobre el suelo para sostener el peso del cuerpo, facilitando el ejercicio. A medida que fortalezca sus músculos, podrá aumentar el número de repeticiones hasta llegar a 50. Practique siempre a un ritmo controlado, nunca demasiado rápido. Ponga una almohada (no demasiado gruesa) sobre el suelo para descansar la cabeza, ya que si se hace sobre una superficie dura puede resultar doloroso.

⇨ **Ejercicio 8: Puente frontal con el cuello**

Túmbese sobre el estómago e incorpórese suavemente sobre la parte superior de la cabeza, mientras se mueve hacia adelante y atrás. Este ejercicio fortalece y desarrolla los músculos de la parte delantera del cuello. Muévase adelante y atrás sobre su cabeza a un ritmo controlado. Si no está acostumbrado a este ejercicio, ponga ambas manos sobre el suelo para sostener el peso del cuerpo y facilitar sus movimientos.

⇨ **Ejercicio 9: Estiramiento de piernas**

Su compañero debe estirarse boca arriba y levantar una pierna. Usted deberá presionar la pierna de abajo con su pie, mientras estira suavemente la pierna levantada hacia su cabeza, con ayuda de sus manos. También puede sostener su rótula para asegurarse de que mantiene las piernas rectas.

⇦ **Ejercicio 10: Estiramiento lateral de piernas**

Mientras su compañero descansa sobre un lado del cuerpo, sostenga su pie con ambas manos y empuje suavemente su pierna en dirección a su cabeza.

Trabajo de campo

Correr (conocido entre los kickboxers como trabajo de campo) constituye una obligación esencial para el kickboxer, ya que fortalece las piernas y desarrolla el vigor. Si debe perder peso antes de un combate, lleve ropas pesadas y cálidas. Combine la práctica de la carrera con carreras cortas y veloces (sprints), trote ligero y sombra. Casi todos los kickboxers profesionales prefieren realizar el trabajo de campo temprano durante la mañana. Los profesionales hacen entre 8 y 16 km al día, mientras que los amateurs necesitan alrededor de 5-8 km diarios.

ESTE KICKBOXER LLEVA EL EQUIPO ADECUADO PARA EL TRABAJO DE CAMPO. ES VITAL QUE PRESTE ATENCIÓN A LA HORA DE ELEGIR EL CALZADO MÁS APROPIADO. EN INVIERNO DEBERÁ VESTIR CHÁNDAL CON CAPERUZA. TAMBIÉN PUEDE INTENTAR PRACTICAR EL TRABAJO DE CAMPO EN UN ÁREA NATURAL, DONDE LOS NIVELES DE CONTAMINACIÓN Y DE TRÁFICO SEAN BAJOS.

Alimentación del kickboxer

Con el fin de disfrutar de una salud óptima y bienestar, así como para mantenerse en forma físicamente, debe asegurarse de que su cuerpo reciba todos los nutrientes necesarios. Entre los más importantes debemos incluir los carbohidratos, proteínas, grasas, vitaminas y agua. Éstos se digieren y son absorbidos por el cuerpo rápidamente, y son necesarios para la energía, la salud y el crecimiento celular.

Además de los nutrientes adecuados y una dieta regular, debe recibir mucho aire fresco y luz solar, y debe llevar a cabo un régimen regular de ejercicios. Coma sólo alimentos naturales y sanos como trigo, avena, productos de soja, frutos secos, pasas, dátiles, miel, frutas y vegetales. Los productos lácteos, como la leche, el yogurt y el queso también resultan muy beneficiosos, así como zumos recién exprimidos en abundancia.

Cultive sus propias semillas de alfalfa, soja, judías mung y fenogreco, por citar algunos. La alfalfa, en particular, contiene todas las vitaminas conocidas, ¡incluyendo las vitaminas K y B_8, además de potasio, fósforo, calcio y clorofila!

Una media taza de brotes de soja contiene la misma cantidad de vitamina C que seis vasos de zumo de naranja. Si alimenta su cuerpo con comidas naturales, estará ingiriendo todas las enzimas vitales, hormonas, vitaminas y minerales, además de la mayor parte de las proteínas, grasas y almidón, para una nutrición y una alimentación fundamentales.

Asegurarse de tomar los alimentos adecuados debe ser una prioridad para los kickboxers o para cualquier otro deportista. Sólo manteniendo una cuidadosa dieta natural su cuerpo será capaz de generar la vitalidad y la energía necesarias para el duro entrenamiento diario.

Evite las comidas fritas y grasosas a toda costa, y manténgase alejado de la comida basura o procesada, dulces y gaseosas, pues no aportan ningún beneficio para el cuerpo.

Lea las etiquetas y no compre ningún alimento que contenga pesticidas, aditivos, preservativos y cualquier otro elemento químico. Estas sustancias dañinas obsta-

culizarán el progreso de su cuerpo hacia un estado naturalmente sano.

Por último, sea precavido con la carne y el pollo, pues podrían estar contaminados con antibióticos y hormonas de crecimiento. Ambos van en detrimento de su salud y forma física.

Suplementos minerales y vitamínicos

Además de adherirse a una dieta equilibrada y natural, usted deberá tomar suplementos vitamínicos y minerales. Es imposible saber a ciencia cierta si está ingiriendo todos los nutrientes diarios que su cuerpo necesita. El agotamiento de los suelos, la cocción de los alimentos, conservantes y pesticidas destruyen muchos de los nutrientes que nuestro cuerpo necesita.

Entre los productos que contribuyen a su salud podemos mencionar la espirulina, las algas, trigo, la cebada y el ginseng. Y, por supuesto, un suplemento diario de vitaminas C, E y B_{12}, y otras vitaminas con minerales quelatados.

Actitud mental positiva

Ejercitar una actitud mental positiva es incluso más importante que la dieta y el entrenamiento físico adecuados. Un mantra del yoga en la India dice: «Así como tu cuerpo es lo que comes, tu mente es lo que piensas.» Los pensamientos son vibraciones energéticas y afectan al cuerpo incluso en los niveles celulares.

«Eres lo que piensas», dijo James Allen en *As A Man Thinketh*. Controle su mente y sus sentidos generando sólo pensamientos positivos y concentrando la mente en las metas que quiere alcanzar. No se regodee en emociones o pensamientos negativos, pues esto tendrá efectos negativos en su vida. Concéntrese exclusivamente en los resultados positivos que le gustaría obtener. Aquello en lo que se concentra mentalmente se convertirá verdaderamente en la realidad de su vida a lo largo del tiempo. Debe concentrarse de manera consciente en las metas positivas que quiere alcanzar en el kickboxing, con ayuda de su imaginación. Visualice los resultados que espera alcanzar; la imaginación, finalmente, ha sido descrita por los antiguos como «el ojo del alma».

Su atención enfocada es la energía y la fuerza vital que, cuando se mantienen en mente, comenzarán a atraer a la gente, condiciones y circunstancias apropiadas para usted, permitiéndole alcanzar sus metas de vida, sean en kickboxing, en sus negocios o en su vida personal.

Cómo entrenar y concentrar su mente: visualización y concentración

Para alcanzar sus metas en kickboxing usted debe dirigir sus pensamientos de manera concentrada hacia su objeto de deseo. Visualice las metas deseadas y sostenga estos pensamientos en su mente con fuerza. Si persiste en esta práctica diariamente y continúa entrenando con regularidad y determinación, tarde o temprano sus metas comenzarán a materializarse en el mundo real.

Fortalezca su atención y la visualización de sus metas con afirmaciones diarias. «Mejoro día a día en todos los aspectos», cantaba John Lennon en la canción *Beautiful Boy*. Este dicho ha sido repetido por innumerables especialistas en el poder de la mente, usándolo para metas tan dispares como el mejoramiento de habilidades personales o la curación de las enfermedades del cuerpo.

Su subconsciente comenzará a asumir estas afirmaciones como ciertas, lo que acelerará el proceso de la manifestación de sus afirmaciones. Lo que concentra usted en su mente se convertirá, eventualmente, en su propia realidad.

El Zen y el guerrero de artes marciales

El Zen resulta atractivo para el espíritu del guerrero porque es la manera directa de alcanzar la verdad. La verdad no puede alcanzarse a través del intelecto o la razón, debe percibirse intuitivamente dentro de nuestro ser más profundo.

Buda dijo: «La cumbre de la realidad se encuentra dentro de ti». La disciplina zen enseña al guerrero samurai a ser decidido y a tener un solo objetivo en mente; a pelear con la mente en blanco, sin ver atrás o a los lados, moviéndose hacia delante para aplastar al enemigo. Para lograrlo, el luchador debe entrenarse asiduamente todos los días, a través de incontables repeticiones de las técnicas y secuencias de lucha que ha aprendido, hasta que la técnica forme parte de él.

Una concentración mental perfecta le permite vaciar su cabeza de todos los pensamientos, alcanzando un estado de superconciencia. Este estado mental se llama *mushin*, que significa «mente en blanco» o «cero pensamientos». Cuando se alcanza el *mushin*, la mente no conoce obstáculos ni inhibiciones, y se libera de los pensamientos sobre la vida y la muerte, el dolor y la pérdida, la victoria y la derrota. La mente del guerrero se convierte en un espejo, reflejando los movimientos de su oponente al instante y sin pensar, haciéndolo invencible en combate.

Cuando el guerrero experimenta el más ligero sentimiento de miedo a la muerte o de apego a la vida, la mente pierde su fluidez. Esta fluidez es ausencia de impedimentos. Cuando la mente se vacía de todo miedo, se libera de todas las formas de apego y es dueña de sí misma, libre de obstáculos, bloqueos e inhibiciones. Entonces, seguirá su propio curso, como el agua.

Hablando en términos espirituales, implica la ausencia del ego, porque el guerrero, entonces, olvida todo lo que ha aprendido, ya que él mismo es el aprendizaje y no hay separación entre el aprendiz y el aprendizaje.

página opuesta: MUSHIN ES UN ESTADO DE SÚPERCONCIENCIA A TRAVÉS DEL CUAL UN GUERRERO PUEDE ALCANZAR SUS DESEOS Y SER INVENCIBLE.

EL KICKBOXING COMO DEPORTE

Como muchas otras artes marciales, el kickboxing tiene varios tipos de disciplinas de competición, cada una con su propio conjunto de reglas y regulaciones. Estos distintos modos de competición son los siguientes: semi-contacto, light-contact, full-contact, low kicks, boxeo tailandés y formas (división musical y armada).

En el semi-contact, los puntos se otorgan por las patadas y golpes limpios que reciba el adversario. El árbitro y los jueces deben observar claramente la técnica de cada uno de los golpes asestados. No se permite otorgar puntos sólo por el sonido que generen. Todas las técnicas deben ejecutarse con fuerza razonable. Cualquier técnica que sólo toque al oponente no recibirá puntos. Si el árbitro observa lo que él considera un punto válido, deberá pedir un «alto» y señalizar la puntuación de inmediato, al igual que los otros dos jueces. Al menos dos de los jueces deben estar de acuerdo sobre la legitimidad de la puntuación para que ésta sea otorgada.

Los puntos se otorgan de acuerdo con el grado de dificultad de las técnicas:

Golpe o técnica dura: 1 punto
Patadas al cuerpo: 1 punto
Patadas a la cabeza: 2 puntos
Patadas saltadoras al cuerpo: 2 puntos
Patadas saltadoras a la cabeza: 3 puntos

Los combates de semi-contact consisten en asaltos de dos minutos, con un descanso de un minuto entre asaltos. Cada luchador debe llevar un uniforme limpio de kickboxing con un cinturón alrededor de la cintura que indique su clasificación. El equipo obligatorio de seguridad incluye protectores de cabeza, guantes, espinilleras, protectores bucales y botas para patear.

Las competencias de kickboxing light-contact se realizan mediante técnicas bien controladas y haciendo el mismo énfasis tanto en los golpes de puño como en las patadas. El light-contact surgió como una etapa intermedia entre el kickboxing semi-contact y el full-contact.

Los combates también están conformados por asaltos de dos minutos, con un descanso de un minuto entre asaltos. El árbitro controla la pelea pero no juzga, esta tarea corresponde a tres jueces, ubicados en tres zonas del área de pelea. El uniforme y el equipo de seguridad para el light-contact son los mismos que los del semi-contact.

Los combates de kickboxing full-contact se pelean en un ring de boxeo. Los blancos son los mismos que en el boxeo, y está permitido usar todas las técnicas de boxeo y kickboxing. Directo de izquierdas, ganchos, uppercuts, patadas frontales, patadas circulares, patadas en gancho, patadas laterales y traseras, se permite todo, convirtiendo al kickboxing de full-contact en un deporte emocionante para el público.

Los combates amateurs se componen de tres asaltos de dos minutos cada uno, con un minuto de descanso entre asaltos. Los combates profesionales en los que se pelea por títulos mundiales duran 12 asaltos, mientras que los títulos nacionales se componen de diez asaltos. Los combates preliminares pueden durar entre cuatro y seis asaltos.

El árbitro controla la pelea, asegurándose de que todas las reglas se cumplan. Puede descontar puntos a discreción por faltas continuas. Un luchador que no obedezca las órdenes del árbitro y que viole los reglamentos puede recibir una advertencia, una amonestación o ser descalificado.

página opuesta: SESIÓN DE SPARRING DE DOS LUCHADORES DE MUAY THAI EN UN PUEBLO. UNO DE ELLOS HA LOGRADO BLOQUEAR EL ATAQUE CON UNA FUERTE PATADA CIRCULAR, DÁNDOLE LA OPORTUNIDAD AL OPONENTE PARA LANZAR UNA PATADA BAJA

Los tres jueces que ocupan diferentes zonas del ring son quienes otorgan puntos en estos combates. Al final de una pelea, el kickboxer que ha recibido la decisión mayoritaria, según la puntuación de los tres jueces, es declarado el ganador en puntos. Un combate de kickboxing también puede ganarse por KO o por KO técnico, bien cuando el árbitro detiene la pelea o cuando se tira la toalla. Una pelea también puede ganarse por descalificación.

En el full-contact, el uniforme consiste en un par de pantalones de kickboxing; los hombres dejan la parte superior del cuerpo al desnudo, mientras que las mujeres llevan chaleco. Es obligatorio llevar casco, protectores bucales, coquillas, espinilleras y botas de kickboxing.

Sin embargo, los cascos están prohibidos en los combates profesionales, por lo que el riesgo de daño cerebral constituye una preocupación seria. Es esencial que los kickboxers se sometan a un examen médico completo tras haber sido noqueados. (Por la misma razón, los niños siempre deben llevar cascos al pelear o al hacer sparring.)

Las técnicas de light-contact deben controlarse en todo momento. Los golpes y patadas a la cabeza deben ejecutarse a la manera light-contact. Los golpes y patadas al cuerpo pueden ser asestados con un poco más de fuerza, pero deben ser controlados, ya que no pueden llegar a ser golpes de full-contact.

En low kicks se aplican las mismas reglas que para el full-contact, y se permiten, asimismo, las patadas al interior y exterior de los muslos. Un luchador de low kick debe llevar pantalones thai de boxeo. Las espinilleras están prohibidas.

Los combates amateurs de boxeo tailandés consisten en tres asaltos de tres minutos cada uno, mientras que los profesionales se componen de cinco asaltos de tres minutos. Los pantalones cortos thai de boxeo son obligatorios, y no se puede llevar protección para piernas o pies. Sin embargo, los guantes y protectores bucales son obligatorios, y en los combates amateurs los cascos se añaden a la lista del equipo exigido. Los golpes con rodillas y codos están permitidos en los torneos profesionales, así como las patadas bajas a los muslos. Los golpes de codo no están permitidos en los combates amateurs.

En la división musical de la modalidad de Formas, se ejecuta una coreografía de karate y otras artes marciales al son de la música. Los criterios de puntuación son la sincronización, presencia en escena, grado de dificultad, principios básicos y equilibrio, fuerza y concentración. En la división con armas, los participantes deben exhibir un perfecto control sobre sus armas. Son juzgados con los mismos criterios que las formas musicales, tomando en cuenta, adicionalmente, la manipulación del arma.

El kickboxing no es sólo un deporte, la mayoría de quienes lo practican lo consideran como un arte marcial con peleas de contacto. El arte del kickboxing y su filosofía han sido descritos como una actitud mental a desarrollar y un estilo de vida a ser imitado.

El kickboxing amateur de competición

El primer y más importante organismo amateur en el mundo es la WAKO, que cuenta con 89 países afiliados en los cinco continentes. Los Campeonatos Mundiales WAKO, celebrados cada dos años, reúnen a equipos nacionales de todo el planeta para competir en lo que muchos califican como «los Juegos Olímpicos de las Artes Marciales». Sólo se permite un competidor por país para cada clasificación por peso, normalmente su campeón nacional.

DOS BOXEADORAS DE THAI DURANTE UN COMBATE. LA LUCHADORA DE LA DERECHA LANZA UNA PATADA CIRCULAR A SU OPONENTE.

En estos campeonatos, artistas marciales provenientes de todas las disciplinas (kickboxing, karate, taekwondo, kung fu, tai chi o estilo libre) compiten bajo las mismas reglas del kickboxing en sus distintas modalidades: semi-light, full-contact, patadas bajas, boxeo tailandés, formas musicales y con armas. De esta manera, WAKO garantiza las mejores peleas de kickboxing y sus medallistas de oro resultan los verdaderos campeones mundiales.

El kickboxing profesional

Al igual que en el boxeo profesional, en el kickboxing existen varios organismos que regulan los diferentes títulos según las categorías de peso. Los más prestigiosos son la WKA, WAKO-Pro, ISKA, KICK y K-1 de Japón.

Los combates por los títulos amateurs y profesionales se celebran en todo el mundo, y en casi todos los países se pelea por títulos profesionales y nacionales.

Las diferentes disciplinas del deporte del kickboxing

Los kickboxers pueden elegir entre varias competiciones: semi-, light-

La mujer de la foto lleva el vestuario correcto, así como el equipo de seguridad adecuado para el kickboxing de semi y light-contact.

y full-contact, low kicks, boxeo tailandés y formas (división musical y armada).

Kickboxing de semi-contact

En esta modalidad, los puntos se otorgan en base a los golpes y patadas «limpios» que reciba el oponente de forma efectiva. Tanto el golpe como la patada deben hacer contacto. Cuando se marca un punto, el árbitro detiene la pelea para otorgar el punto a quien lo haya ganado o al primero que haya hecho contacto. Entonces, el combate continúa. El kickboxer con mayor número de puntos al final de dos asaltos es declarado ganador. El semi-contact es un emocionante y rápido deporte, basado en la velocidad y la sincronización, y forma a luchadores técnicamente más perfectos.

Equipo y código de vestuario para el semi-contact

Debe llevarse un uniforme de kickboxing, que consiste en unos pantalones largos y una camisa cuello en «V» de manga larga, además de un cinturón que indique el rango del luchador. También se deben usar guantes, casco, protectores bucales, coquilla, espinilleras y protectores de pies. Las mujeres deben llevar protectores para los pechos.

Light-contact o pelea continua

Quienes participan en esta disciplina pelean en dos asaltos de dos minutos cada uno. La pelea no se detiene después de cada golpe, y ambos competidores ejecutan combinaciones sin parar. El árbitro sólo detiene la pelea cuando se produce un cuerpo a cuerpo. Después de cada asalto, los tres jueces puntúan la pelea con el sistema de 10 puntos, cuyo criterio principal es el siguiente: si los jueces consideran que ambos competidores son iguales, entonces el asalto será puntuado con un 10 a 10 (10 puntos cada uno). Si uno de los luchadores ha asestado más golpes y patadas que su adversario, obtiene entonces 10 puntos contra 9 del rival. Si se produce un derribo en un asalto específico de full-contact o boxeo tailandés, entonces ese asalto obtendrá una puntuación de 8 a 10, en favor del luchador que haya derribado al oponente. En el light-contact no hay derribos, están prohibidos.

Equipo y código de vestuario

En combates de light-contact, tanto el uniforme como el equipo son

El kickboxer de la foto lleva el equipo de protección adecuado para un combate de full-contact (casco, protectores bucales, guantes, coquilla, espinilleras y botas de kickboxing). En full-contact, el luchador debe llevar pantalones de boxeo largos. Sin embargo, el boxeador de la derecha lleva pantalones cortos Thai con el fin de mostrar el equipo de seguridad.

los mismos que los de las peleas de semi-contact.

Full-contact

Todos los combates de full-contact se llevan a cabo en un ring de boxeo. Las zonas a golpear son las mismas que en el boxeo. Todos los golpes y patadas deben propinarse de la cintura para arriba. Los combates amateurs consisten en tres asaltos de dos minutos cada uno. Los combates profesionales de kickboxing pueden tener entre cuatro y seis asaltos para las fases preliminares, hasta diez asaltos por los títulos nacionales, y hasta doce en los campeonatos mundiales, dependiendo del organismo regulador del torneo. Tres jueces son los encargados de puntuar la pelea, con el sistema de 10 puntos (v. pág. 70). Se puede ganar por puntos, por KO o por KO técnico. El full-contact utiliza todas las técnicas del boxeo y el kickboxing. Directos de izquierdas, ganchos, uppercuts, patadas frontales, circulares, en gancho, laterales y giradas, lo que convierte al full-contact en un deporte emocionante y espectacular.

El árbitro juega un papel esencial en los combates de full-contact: supervisa a los luchadores para cerciorarse de que llevan el equipo de protección adecuado y de que cumplen el código de vestuario establecido. También acude al vestuario de cada competidor antes del combate, para instruirle sobre las reglas que regirán. Asimismo, supervisa el vendaje de las manos para asegurarse de que cumple con las normas correspondientes. Debe arbitrar la pelea de acuerdo a las reglas acordadas, da avisos a los competidores y, si es necesario, puede descontar puntos por faltas repetidas. También debe dirigir al competidor a una esquina neutral tras un derribo y tiene la potestad de descalificar a los competidores si lo considera necesario. Finalmente, se encarga de contar hasta 10 en caso de derribo o KO.

Equipo y código de vestuario

Los luchadores deben vestir pantalones largos de boxeo, guantes, protectores bucales, coquillas y botas de kickboxing. Las mujeres deben llevar protectores para los pechos. Los cascos son obligatorios en los torneos amateurs. Los torsos de los hombres se dejan al descubierto, tanto en el kickboxing profesional como en el amateur.

El kickboxer de esta foto lleva el vestuario apropiado para un combate de boxeo tailandés. En el boxeo profesional tailandés se exigen guantes, protector bucal, pantalones cortos thai y coquilla. El casco es obligatorio en los combates amateurs.

Boxeo tailandés

Se diferencia del full-contact porque permite las patadas bajas y los golpes de rodilla al cuerpo o la cabeza, además de los golpes de codo y los derribos. Es por ello que se considera la disciplina más dura del kickboxing.

Existe una cierta confusión en cuanto a la diferencia entre las reglas del boxeo tailandés y el Muay Thai. Las normas del boxeo tailandés, tal y como se practica en Occidente, difieren de las del Muay Thai de Tailandia en el hecho de que las técnicas de golpeado tienen el mismo peso que las patadas y golpes de rodilla, y puntúan de acuerdo a ello. Además, en el boxeo tailandés están prohibidos los golpes de codo.

En Muay Thai, la ceremonia conocida como Wai Khru es de cumplimiento obligatorio antes de cada combate. Además, los golpes, independientemente de su validez o eficacia, no tienen mucha importancia para los jueces

EL THAI BOXER DE LA DERECHA LANZA UNA PATADA CIRCULAR
A LA CABEZA DE SU OPONENTE DURANTE UN COMBATE.

landeses. Las patadas bajas, los derribos, las técnicas con codos y rodillas son los preferidos en cuanto a la puntuación. Además, el Muay Thai está íntimamente conectado a su país de origen, Tailandia, en lo espiritual y en lo cultural. El Muay Thai es, por tanto, un producto difícil de exportar, y ello explica que el boxeo tailandés se prefiera y se promueva más en los países occidentales.

Low kicks

El low kicks es exactamente igual al kickboxing, salvo que las patadas bajas al interior y exterior de los muslos están permitidas. Estas patadas constituyen una técnica extremadamente potente que puede desembocar en KO.

Equipo y código de vestuario en el boxeo tailandés y el low kicks

Los pantalones cortos de boxeo se usan en ambas disciplinas. No se permiten las espinilleras ni las botas de patear; sólo los guantes, protector bucal y coquillas. En los combates amateurs de las dos modalidades es obligatorio llevar casco.

Formas musicales y armadas

Las formas musicales constituyen una técnica de las artes marciales, en la que se practica una secuencia de coreografía al son de la música que el competidor escoja. Las técnicas utilizadas son espectaculares y muy aerodinámi-

aerodinámicas, por lo que resultan emocionantes y entretenidas para el público. Las formas musicales conforman una competencia aparte en las organizaciones de kickboxing que también se encargan del semi y el light-contact.

Los artistas marciales que compiten en las formas musicales son juzgados de la misma manera que los gimnastas. Se les otorgan puntos entre 9,5 y 10. El ganador es el luchador que reciba el mayor número de puntos por parte de los cinco jueces.

Equipo y código de vestuario para las formas musicales y armadas

Las formas musicales armadas se puntúan basándose, sobre todo, en la maestría del manejo del arma elegida, que puede ser de corto alcance, como los cuchillos, porras, sai, tonfa o el kama. De lo contrario, se puntúan con el mismo sistema que las formas musicales de manos vacías (karate).

El kickboxer de la izquierda acaba de lanzar un directo de izquierda a su oponente en una sesión de sparring, mientras el maestro del examen, que controla la sesión, observa. El sparring es una fase muy importante del examen de grado, y para obtener el cinturón negro, es preciso hacer 10 asaltos de sparring.

Exámenes de grado

Como otras artes marciales, el kickboxing sigue un sistema progresivo de grados. Para obtener un cinturón negro hacen falta unos tres años de entrenamiento intensivo. Un kickboxer novato empieza con el cinturón blanco, y a medida que progresa irá pasando por cinturones amarillos, naranja, verde, azul, violeta y marrón, para finalmente alcanzar el preciado cinturón negro. Un estudiante de kickboxing intenta pasar de grado cuando su instructor decide que está suficientemente listo y preparado para «examinarse».

En el kickboxing, los exámenes de grado se juzgan básicamente según la forma física y el acondicionamiento, las habilidades luchadoras, las técnicas y el estilo. Durante el examen de grado, usted deberá, en todo momento, demostrar un gran espíritu de lucha y una ausencia de miedo.

El papel del instructor de kickboxing

Cómo elegir un entrenador

Es importante que se entrene con un profesional experimentado. Su instructor pasará tanto tiempo como usted en el gimnasio, y debe motivarlo e incitarlo a plantearse esfuerzos y metas cada vez más altas. También será su mentor, por lo que debe cerciorarse de que mantenga una actitud mental positiva y de que se concentre en el logro de sus metas en el kickboxing. Al mismo tiempo, debe diseñar su plan de entrenamiento, la dieta y asegurarse de que usted lleve un estilo de

arriba: EL KICKBOXER PRACTICA UN GOLPE DE CODO CONTRA UN PAO QUE SOSTIENE SU INSTRUCTOR. LA PRÁCTICA CON LOS PAOS DESARROLLA FUERZA, VELOCIDAD Y SINCRONIZACIÓN.

izquierda: EL KICKBOXER LANZA UNA PATADA CIRCULAR IZQUIERDA A LA CABEZA CONTRA UN PAO. ESTAS TÉCNICAS DEBEN PRACTICARSE REPETIDAMENTE CADA DÍA, CON EL FIN DE PERFECCIONAR Y DESARROLLAR LA FUERZA DE SUS GOLPES Y PATADAS

vida disciplinado, con el fin de que se convierta en un campeón del kickboxing.

Con todas estas consideraciones en mente, es importante que usted escoja un entrenador que posea un buen récord de éxitos y con quien usted se sienta capaz de cultivar una buena y duradera relación.

Destreza en el ring y tácticas

La destreza en el ring consiste en la totalidad de sus capacidades, conocimientos, habilidades y comprensión del arte de pelear. Un kickboxer construye la suya a través de su propia experiencia, además de la guía y las enseñanzas de su maestro o instructor.

Las tácticas se refieren al plan de juego que usted pondrá en práctica con el fin de vencer a un adversario determinado. Junto a su entrenador, usted deberá estudiar el estilo de su contrincante, así como sus puntos fuertes y débiles, antes de decidir las tácticas que resultarán más eficaces para vencerlo.

Si es usted un kickboxer profesional que se prepara para pelear por un título nacional, internacional o mundial, su entrenador deberá obtener todo el material audiovisual u otra información relevante que logre conseguir sobre su oponente. Juntos, deberán decidir el mejor plan de juego y las tácticas a adoptar.

Tácticas contra kickboxers de estilos diferentes

Pelea contra un zurdo

La guardia de un kickboxer zurdo está situada a la derecha, mientras que la postura convencional se sitúa hacia la izquierda. La preparación previa a este tipo de combates incluye el sparring contra compañeros que sean zurdos por naturaleza y buenos.

La mejor manera de luchar contra un zurdo es contrarrestar sus ataques con potentes cruzados de derecha a la cabeza, así como patadas circulares derechas y frontales lanzadas con fuerza al cuerpo. Otra táctica consiste en adoptar la misma postura del zurdo, pero sólo si posee la suficiente seguridad y habilidad.

Puesto que su propio directo de izquierda será bastante nulo contra un zurdo, deberá hacer fintas con su izquierda, para luego atacar con golpes de derecha al cuerpo y la cabeza, seguidos de otras combinaciones de golpes y patadas.

Lucha contra un pateador experto

Para pelear contra un adversario excepcionalmente bueno en las patadas, deberá moverse hacia delante para bloquearlas, haciéndole perder el equilibrio. Entonces podrá contraatacar con golpes a la cabeza y el cuerpo.

Si se trata de combates de low kicks o de boxeo tailandés, puede contrarrestar las patadas del adversario con sus propias patadas bajas a las piernas. Esto resulta particularmente eficaz contra las patadas altas, ya que en esos casos el rival se sostiene sobre una sola pierna. El contraataque con patadas bajas a la pierna de apoyo es altamente efectivo.

La idea es presionar al pateador experto, moviéndose hacia delante para atacarlo en todo momento con golpes y patadas fuertes. Nunca deje que sea él quien lleve la pelea, pues lo llevará a una posición vulnerable para recibir sus peligrosas patadas. Debe presionarlo constantemente.

Lucha contra un boxeador o un golpeador peligroso

Un kickboxer de golpes fuertes es un peligro constante, porque resulta capaz de noquear a su adversario en cualquier momento, incluso durante los últimos segundos del combate. Para pelear contra un rival de esas características, o a un kickboxer proveniente del boxeo, no trate de superarlo en golpes. Más bien, utilice su directo de izquierda como arma principal, lo que debería evitar que se le acerque. Use patadas frontales de izquierda muy fuertes contra la sección media del cuerpo cada vez que lanza un ataque. Esto le desanimará y hará que usted acumule puntos.

Otra táctica a emplear consiste en tratar de mantenerlo a largo alcance mediante el uso de patadas laterales, frontales y de giro, con el fin de forzarle a mantener la distancia. Esto debería ocasionarle una sensación de frustración y hacerle perder el control,

LAS MANOS DEL KICKBOXER DEBEN ESTAR CORRECTAMENTE VENDADAS
PARA ADECUARSE A LAS REGLAS DEL KICKBOXING.

con lo que se pondría a punto para recibir un potente asalto con una combinación de golpes.

Finalmente, puede moverse alrededor del ring y utilizar las tácticas de evasión, para luego contraatacarlo.

Lucha contra un oponente alto de largo alcance

Para pelear contra un rival más alto y con un alcance más largo, deberá deslizarse dentro de su guardia y contraatacar con una combinación de golpes al cuerpo y la cabeza. Si le ataca con largo alcance a la cabeza, muévase hacia él y bloquee la patada para hacerle perder el equilibrio. Entonces, contraataque con golpes potentes.

Otra táctica consiste en atacar su cuerpo con fuertes patadas laterales de la pierna delantera, seguidas de un giro de puño a la cabeza. También puede utilizar la patada lateral cuando se mueva hacia usted para atacarlo con golpes directos.

Si es usted un luchador fuerte y agresivo, puede ejercer presión sobre un rival alto moviéndose constantemente hacia él, atacándolo con una combinación de golpes antes de atacar su cabeza, la zona más vulnerable para un KO.

Lucha contra un saboteador

Se trata de un kickboxer que usa tácticas negativas e ilegales para intimidar e irritar a su rival. Su objetivo es desequilibrar mentalmente al adversario e intimidarlo a nivel físico. Un saboteador puede hacer que el mejor kickboxer se vea mal, y tiende a utilizar topetazos, codos, abrazos ilegales, empujones e insultos como parte de sus técnicas de sabotaje.

Independientemente de lo que usted decida hacer, nunca pierda el temperamento frente a un saboteador. Conserve la calma y utilice sus habilidades y destreza en el ring para superarlo mentalmente y ser más inteligente que él. Adhiérase a lo básico y siga las instrucciones de su entrenador en los descansos, ya que él podrá darle los mejores consejos sobre las tácticas y estrategias a adoptar.

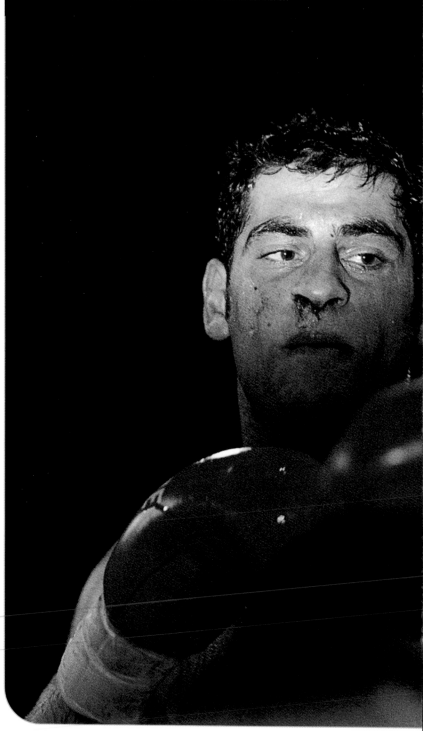

UN MAL CORTE O SANGRADO PUEDE PRODUCIR QUE EL ÁRBRITO PARE EL COMBATE. EL LUCHADOR TENDRÁ QUE ARMARSE DE FUERZA Y HABILIDAD PARA OBTENER UN RÁPIDO FUERA DE COMBATE Y EVITAR ASÍ PERDER LA CONTIENDA

Lucha contra un oponente similar a usted

Al pelear contra alguien de sus mismas características, deberá hacer uso de su experiencia personal, know-how y experiencia para derrotarlo.

Su instructor le recomendará siempre que procure dominar el centro del ring. Trate de golpear más veces con su directo de izquierda, para sentar las bases de un ataque con patadas y golpes desde atrás. Es importante mantener una alta tasa de trabajo contra el oponente en cada asalto. Haga fintas y utilice todos sus trucos para superarlo.

Mejoras de la destreza en el ring y habilidades tácticas

La defensa es un aspecto muy importante del kickboxing. Nunca reciba un golpe o una patada que pueda bloquear, detener o eludir. Además, siempre debe contraatacar inmediatamente después de defenderse de un ataque. El contraataque siempre debe ser agresivo y fuerte. No pida clemencia ni la otorgue.

Mi propia filosofía en el kickboxing es que la prevención no existe en la pelea, usted golpea a su oponente antes o después de recibir un golpe. También creo que el ataque es la mejor forma de defensa; por tanto, ésta debe ser fuerte, agresiva y efectiva.

Dominio del directo de izquierda

Para poder desarrollar un potente directo de izquierda, es necesario entrenar con asiduidad. El directo de izquierda debe ejecutarse como una técnica de ataque. Si no imprime fuerza máxima y potencia a sus directos de izquierda, no podrá golpear a su oponente ni detenerlo en el momento de lanzarle un ataque. Practique el directo de izquierda colocando el peso de su cuerpo sobre la pierna izquierda y dando un paso adelante con todo su peso al tiempo que lanza el directo de izquierda.

La mayoría de los kickboxers adolecen de directos de izquierda poco efectivos y, de hecho, no son más que golpes sin fuerza. Con frecuencia, es posible pasar por alto la mayoría de sus directos de izquierda y atacar con potentes golpes y patadas. Habrá rivales que intentarán lo mismo con usted, razón de más para fortalecer sus propios directos de izquierda y reducir las opciones de ataque del oponente.

Nunca trate de noquear a su oponente

Nunca debe entrar al ring con la intención de noquear al oponente. Un KO se produce durante un combate en dos ocasiones: o bien cuando pelea mejor que su oponente o cuando lo agota mediante una combinación sostenida de ataques, poniéndolo a punto para ser noqueado.

Cómo manejar las lesiones en el ring

Si resulta lesionado durante un combate, debe concentrar todas sus energías para que su oponente no note sus efectos.

Si ha sido sacudido por un potente golpe o una patada, entre en un cuerpo a cuerpo y sostenga a su oponente hasta que se sienta recuperado. Hágalo cuantas veces sean necesarias.

Si resulta derribado en algún momento, manténgase en el suelo hasta la cuenta de ocho, y sólo entonces debe levantarse, de nuevo con la idea de aprovechar este receso al máximo. Si no ha logrado recuperarse totalmente, haga un cuerpo a cuerpo para evitar que su rival le ataque.

Es posible que se corte durante un combate, una posible razón para que el árbitro detenga la pelea. Si esto pasa, Vd. deberá recurrir a toda su fuerza, astucia y experiencia para intentar noquear a su rival antes de que el árbitro decida detener la pelea.

Pensamientos finales

Para concluir, me gustaría dar el siguiente consejo a los jóvenes kickboxers: ejercita tus habilidades en el kickboxing, entrénate duro y desarrolla la fuerza explosiva de tus golpes y patadas. Golpear y patear fuertemente a un adversario socava su energía y debilita su resistencia, facilitando el camino para la victoria. Recuerda trabajar la velocidad y mantener un buen equilibrio. Practica las combinaciones de patadas y golpes para llegar a lanzarlas con precisión y asestarlas con rapidez y potencia. Finalmente, utiliza la defensa agresiva como parte de tus tácticas, contrarrestando los ataques del oponente con golpes y patadas poderosos, rápidos y precisos.

EL KICKBOXING COMO DEFENSA

La filosofía y la enseñanza del kickboxing son similares a las de otras artes marciales. El objetivo es aprender a pelear exitosamente, al tiempo que se practica la continencia y el autocontrol fuera del ring, y se evita utilizar las habilidades luchadoras salvo en casos en los que sea imprescindible y en defensa propia.

Sin embargo, es importante destacar que el kickboxing es un deporte potencialmente letal, y que sus objetivos y las actitudes de los entrenadores son siempre serios. La labor del instructor es la de enseñar las técnicas que le permitirán defenderse y protegerse frente a un contrincante, sea en el ring o en la calle.

La meta de un entrenador es desarrollar la «actitud del guerrero» en sus estudiantes, y ésta consiste en actuar con valor, coraje y sin miedo. El instructor debe imprimir estos rasgos mentales en las mentes de sus estudiantes, con el fin de prepararlos para las situaciones de combate, dentro y fuera del ring.

El kickboxing es práctico y eficaz. Lo que aprenda, incluso en la primera clase, puede aplicarse inmediatamente. Aprenderá cómo lanzar directos de izquierda y cruzados de derecha, cómo hacer un gancho y asestar un uppercut. Aprenderá a usar las patadas bajas, los codos y los golpes de rodilla, todos ellos técnicas potentes y útiles. Se familiarizará con los derribos y las técnicas de trabajo, las llaves y las tácticas de sumisión con los pies. Estas técnicas son exactamente las mismas que utilizan los kickboxers profesionales.

El kickboxing es un arte marcial de combate que tiene el potencial para convertirse en un arma letal.

Usted no tiene que ser un kickboxer profesional o un campeón mundial para convertirse en un buen luchador. Puede entrenarse a su propio ritmo y con su propio nivel de compromiso, pero incluso en esos casos, podrá defenderse por sí mismo en un breve período de tiempo en caso de ser atacado.

Para sobrevivir a una situación de ataque, es necesario tener un espíritu de lucha o «instinto asesino», ya que los criminales no suelen adherirse a ninguna norma. Sin embargo, recuerde que, aunque la práctica del kickboxing incluye el aprendizaje de técnicas de autodefensa útiles, además de una mejoría en la fuerza y la agilidad, sólo los kickboxers experimentados deben intentar defenderse por sí mismos de atacantes armados.

Algunos atributos mentales que debe ejercitar para convertirse en un buen luchador en caso de ataques reales:

- Sea consciente del entorno en todo momento
- Sea un golpeador, pateador y sujetador explosivo
- Manténgase sereno y relajado bajo cualquier circunstancia
- Conserve la concentración y piense con claridad en todo momento
- Nunca asuma nada
- No hay reglas (en la calle)
- Haga lo que tenga que hacer para ganar
- Sea engañoso y rápido
- Aguante el castigo y supere el dolor
- Sea seguro y decidido
- Espere cualquier cosa
- Sea un guerrero valiente, sin miedo y con coraje

Un kickboxer o un peleador perteneciente a la elite escoge las técnicas de pelea más efectivas. Los diferentes rangos de combate son: rango de golpes y patadas, rango de golpes de codo, golpes de rodilla y cabezazos, y el rango de derribo y sujeción. Siempre debe utilizar las combinaciones y técnicas más efectivas,

página opuesta: LA HABILIDAD PARA PERMANECER CONCENTRADO, ASÍ COMO SERENO Y RELAJADO, ES ESENCIAL PARA TENER ÉXITO EN EL KICKBOXING

dependiendo del rango en el que se encuentre durante el combate.

Si sigue todas las técnicas de entrenamiento y los programas diseñados en este libro, y si puede llegar a dominar las técnicas y combinaciones básicas, se convertirá en un buen kickboxer tras sólo seis meses de entrenamiento.

Como kickboxer, le enseñarán los mismos valores y código de ética de cualquier otro arte marcial; principios como el autocontrol, la disciplina, el respeto hacia los otros, la etiqueta y una actitud mental positiva. Los kickboxers aprenden a controlar sus mentes y a permanecer serenos en todo momento durante una competición. Más aún, un kickboxer debe abstenerse de participar en cualquier acto de agresión o violencia contra cualquiera, excepto en situaciones extremas, en las que se vea forzado a defenderse a sí mismo, o a otros, de los ataques de uno o más asaltantes.

El objetivo final y la perspectiva espiritual del kickboxing consisten en la unificación del cuerpo, la mente y el espíritu. Para alcanzar esta meta, debe vaciar su mente de todo pensamiento y emoción derivados del miedo, toda sensación de inseguridad y todo deseo de ganar. El guerrero que logre esta unificación cuerpo-mente-espíritu será invencible. Esto sucede porque los movimientos de su oponente se reflejan en su mente, la cual, gracias a la meditación y práctica, está tranquila.

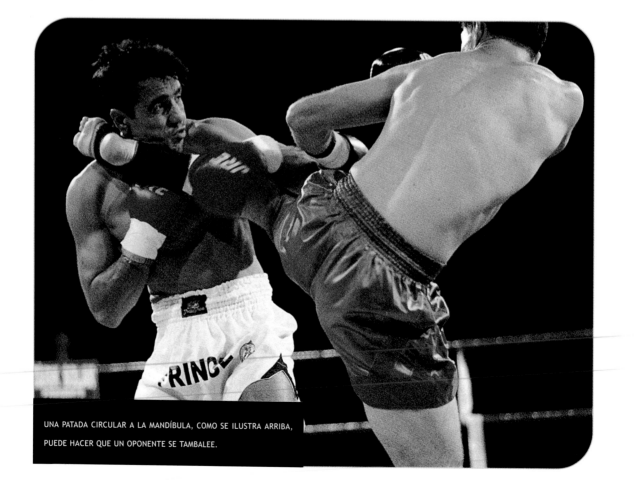

UNA PATADA CIRCULAR A LA MANDÍBULA, COMO SE ILUSTRA ARRIBA, PUEDE HACER QUE UN OPONENTE SE TAMBALEE.

Autodefensa contra golpes y patadas en la calle

Defensa contra un directo de izquierda al rostro

Al tiempo que su atacante le lanza un directo de izquierda a la cara, dé un paso al lado, bloquee y sujete su muñeca izquierda, contraataque con su propio cruzado de derecha y a continuación derríbelo con un barrido del pie derecho. Cuando toque el suelo aseste otro golpe y aplique una llave con el brazo.

Defensa contra un golpe al rostro

Bloquee el brazo derecho de su oponente con la palma izquierda, contraataque con un golpe del codo directo a la cara, seguido por un golpe con la rodilla derecha al plexo solar, al tiempo que lo sujeta por el cuello y le obliga a tocar tierra. Finalmente, lance un golpe con el codo hacia abajo a la nuca.

Defensa contra un golpe de derecha a la cabeza

El atacante se prepara para atacar (A), y al lanzar un golpe de derecha a la cabeza del defensor éste lo bloquea con el interior del antebrazo (B). El defensor lanza una potente patada frontal con la espinilla al bajo vientre del atacante (C) y lo remata tumbándolo con un golpe de rodilla al plexo solar (D).

Defensa contra una patada frontal izquierda al cuerpo

Bloquee y desvíe una patada frontal izquierda de su oponente con el brazo izquierdo. Contraataque con una patada circular de izquierda a la cabeza. Finalmente, derribe a su contrincante.

Defensa contra una patada circular de derecha a la cabeza

Bloquee y sostenga la patada derecha a su cabeza, contraataque con un golpe de rodilla al bajo vientre y láncelo al suelo con un barrido a su pierna izquierda. Remate la técnica con una patada de pisotón al bajo vientre del atacante.

Defensa contra un ataque por la retaguardia

El atacante sujeta al defensor desde atrás con un abrazo del oso alrededor de sus brazos y cuerpo (A). Con la pierna derecha, el defensor da un paso hacia un lado para crear espacio y entonces golpea al atacante en el bajo vientre con el filo de la mano (B). A continuación, levanta las manos del atacante hacia arriba (C), se inclina hacia abajo, sujeta un tobillo del asaltante con ambas manos y levanta la pierna haciendo que caiga hacia atrás (D). Entonces, el defensor pasa la pierna derecha por encima, mientras continúa sujetando al atacante por la pierna (E). Finalmente, lanza una patada de pisotón al bajo vientre (F).

Defensa contra dos atacantes

Dos atacantes se ponen en fila para atacar al defensor (A). El primero ataca con un directo de izquierda al cuerpo, que es bloqueado por el defensor con la palma de la mano, simultáneamente contraatacando con una fuerte patada frontal al plexo solar (B), lo que debería noquear al atacante. Cuando el segundo atacante lance un directo, el defensor debe ejecutar una patada trasera al cuerpo (C).

Defensa contra tres atacantes alrededor

Cuando uno de los atacantes lance un directo al cuerpo, bloquee y contraataque con un golpe a la cabeza (B). Gire y bloquee el golpe directo del segundo asaltante (C), contraatacando con una patada circular de derecha al cuerpo (D). Finalmente, patee al tercer asaltante con una patada lateral de izquierda cuando se adelante para sujetarle (E).

Si tiene que enfrentarse a varios atacantes, conserve la calma y hágase una idea de la situación. Los ataques son rápidos, pues se sustentan precisamente en el elemento sorpresa. Sin embargo, debe descubrir la utilidad de su entrenamiento y notará que está mejor preparado para defenderse en tal situación.

Defensa contra un asaltante armado con un cuchillo

Acometida directa a la cabeza

Desvíe y luego sujete el arma del asaltante cuando intente una acometida directa a la cabeza (B). Contraataque con una patada lateral penetrante a las costillas (C), ponga el brazo de su oponente en una llave (D) y lance un golpe de codo a la cabeza (E). Después de aplicar una llave de muñeca al asaltante, presione y fuércelo a tocar tierra (F). Entonces, podrá quitarle el cuchillo y sostenerlo contra su garganta hasta que se rinda.

Sólo los kickboxers muy experimentados deben intentar pelear contra uno o más atacantes con armas.

Defensa contra un asaltante armado con una pistola

Asalto frontal con pistola

Si un asaltante le mantiene a raya apuntándole con una pistola frente a frente (A), patee la pistola y quítesela de la mano con una patada de media luna (B), dé media vuelta y lance una patada circular girada al plexo solar o al rostro (C). Para desarmarlo completamente, sujételo por la nuca con ambas manos y empuje su cara hacia abajo, al tiempo que le da con un golpe de rodilla en la cara (D).

Sólo los kickboxers de mucha experiencia deben intentar pelear contra uno o más asaltantes armados.

Asalto con una pistola por la retaguardia

Si le asaltan apuntándole con una pistola por la reta-
guardia (A), gire sobre su pie derecho a 45°, bloquee y
sujete la muñeca del atacante (B), antes de contraatacar con un golpe del codo izquierdo a la cara (C).
Aplique una llave de muñeca (D) de tal modo que pueda forzarlo a tocar tierra y a quitarle la pistola (E), con
la cual lo mantendrá cautivo (F).

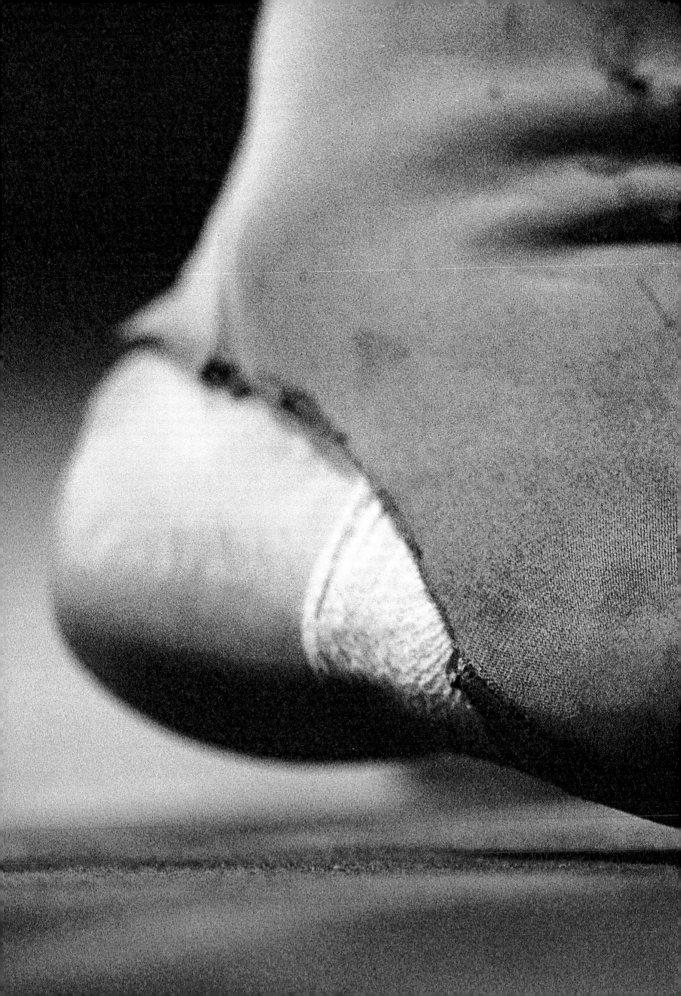

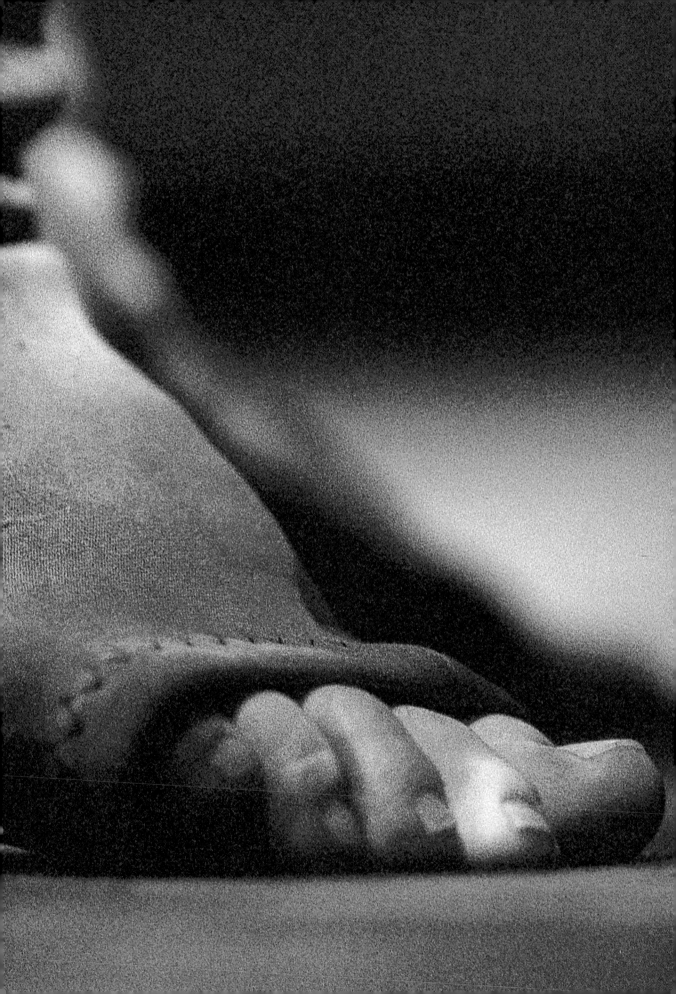

ENTRANDO EN CONTACTO

Las asociaciones profesionales y nacionales de kickboxing suelen estar formadas por instructores experimentados de kickboxing, con considerables conocimientos del entrenamiento y las técnicas para cada nivel. Pueden ofrecerle buenos consejos y ayudarle en el examen de grado y para entrar en torneos de kickboxing.

ASOCIACIONES INTERNACIONALES DE KICKBOXING

WAKO (ASOCIACIÓN MUNDIAL DE ORGANIZACIONES DE KICKBOXING)

- Sede de WAKO
- Via Francesco Algarotti 4, 20124, Milán, Italia
- Tel.: (2) 67 077 030
- Fax: (2) 67 070 474
- Sitio Internet: www.wako-fikeda.it
- Correo electrónico: info@wako-fikeda.it

WKA (ASOCIACIÓN MUNDIAL DE KICKBOXING)

- Sede de WKA
- James Court, 63 Gravely Lane, Erdington, Birmingham B23 6LX, Inglaterra
- Tel.: (0) 121 382 2995
- Fax: (0) 121 382 5688
- Sitio Internet: www.wka.co.uk
- Correo electrónico: info@wka.co.uk

- WKA EE.UU.
- Sitio Internet: www.wkausa.com

ISKA (ASOCIACIONES INTERNACIONALES DE KICKBOXING)

- Sede Mundial
- Post Office Box 90147, Gainesville, Florida 32607-0147, EE.UU.
- Tel.: (352) 374 6876
- Fax: (352) 378 4454
- Sitio Internet: www.iska.com

IKF (FEDERACIÓN INTERNACIONAL DE KICKBOXING)

- 9385 Old State Highway, PO Box 1205, Newcastle, CA 95658, EE.UU.
- Tel.: (916) 663 2467
- Fax: (916) 663 4510
- Sitio Internet: www.ikfkickboxing.com
- Correo electrónico: ikf@jps.net

GLOSARIO

Alcance o distancia: distancia del oponente

Barrido (interno y externo): movimiento del pie contra la pierna del rival

Bloqueo: prevenir los golpes y patadas del oponente, bloqueándolos con las manos, antebrazos y rodillas

Bobbing: esquivar el golpe bajando la cabeza

Cruzado de derecha: golpe con la mano derecha que se propina sobre el directo de izquierda del rival

Desplazamiento: movimiento evasivo a izquierda o derecha, para evitar un golpe o patada a la cabeza

División musical (Formas): secuencia coreografiada de un arte marcial, al son de una música específica

Examen de grado: evaluación del progreso de un estudiante y otorgamiento de un mayor rango (cinturón) a los candidatos que lo superan

Full-contact: combates en rings de boxeo, el área a golpear se sitúa estrictamente de la cintura para arriba

Gancho (izquierdo o derecho): un potente golpe noqueador, en el que el codo doblado se mantiene apartado del cuerpo

Golpe con el revés del puño: con el dorso del guante

Golpe de codo: cualquier golpe con el codo

Golpe de codo hacia abajo: golpe de codo que se lanza contra la nuca o la parte superior de la cabeza

Golpe de rodilla: un golpe lanzado con la rodilla

Golpe frontal de rodilla: golpe frontal dado con la rodilla, utilizado con frecuencia al sujetar al adversario por la nuca, obligándolo a inclinarse (permitido en los combates de Muay Thai).

Golpe lateral de codo: golpe lateral con el codo, generalmente desde la postura de guardia

Golpe lateral de rodilla: golpe de rodilla ejecutado con un movimiento circular

Gancho oblicuo (izquierdo y derecho): golpe de corto alcance a medio camino entre el crochet y el uppercut

Hacer sombra: pelear contra un adversario imaginario

Jab (directo de izquierda): un golpe directo, potente y preciso con el brazo extendido

Juego de pies: pasos adelante, atrás y a los lados para evadir o atacar

Kama: un arma tradicional de Okinawa

KO: cuando el combatiente no puede levantarse tras contar hasta 10

KO técnico: el árbitro detiene la pelea cuando uno de los combatientes muestra una clara desventaja frente al otro, o si ha sido derribado más de tres veces

Light-contact (combate continuo): golpes y patadas por encima de la cintura, la pela no se para cada vez que se anota un punto

Low kick (interior y exterior): patadas lanzadas al interior o exterior de los muslos del oponente

Manos vacías: cualquier arte marcial de combate (como el karate) que no conlleve el uso de armas

Manoplas: herramienta de entrenamiento utilizada para practicar golpes

Muay Thai: boxeo tailandés (el uso de las rodillas, codos, patadas bajas y los derribos está permitido)

Mushin: en japonés, «mente vacía»

Paos: manoplas atadas a los brazos del entrenador, que permiten que el estudiante practique las patadas y los golpes con codos y rodillas

Patada circular (frontal y trasera): patada lanzada a la cabeza del rival

Patada descendente: patada ejecutada desde arriba sobre la cabeza o el pecho del oponente

Patada en gancho: patada circular en dirección opuesta a la patada circular

Pelota suelo a techo: pequeña pera sujeta con una cuerda elástica, ayuda a aguzar los reflejos y la vista

Pera: herramienta para entrenar utilizada para agilizar los reflejos, la velocidad y la sincronización

Postura de guardia: postura alerta que se adopta cuando se está listo para pelear

Regateo: movimiento evasivo del cuerpo

Sai: arma tradicional de Okinawa

Salto con golpe de rodilla: golpe de rodilla dado desde el aire

Salto con patada frontal: dar un salto hacia arriba para lanzar una patada frontal, con los dos pies en el aire (ataque sorpresa)

Salto con patada lateral: patada lateral lanzada desde el aire

Semi-contact: golpes y patadas estrictamente de la cintura para arriba, la pelea se detiene cada vez que se anota un punto

Sparring: combates de entrenamiento

Sparring individual: ver «hacer sombra»

Trabajo de sacos: la práctica de golpes y patadas con la pera o con el saco de arena

Uppercut (izquierdo o derecho): golpe ejecutado con un movimiento ascendente

Whai Kru: ceremonia que preside los combates tradicionales del boxeo tailandés

ÍNDICE

CRÉDITOS FOTOGRÁFICOS

Las fotografías de portada son de Ryno Reyneke. El resto de las fotos son de Ryno Reyneke, a excepción de aquellas imágenes proporcionadas por los fotógrafos o las agencias mencionados a continuación. Leyenda para las fotos (los derechos de autor pertenecen a los siguientes fotógrafos o a sus agencias): AS=Allsport; C=Corbis; GS=Great Stock; TSI/GI=Tony Stone Images/Gallo Images.

Sobrecubiertas	TSI/GI		62	GS
2	C		64-65	TSI/GI
3-4	C		67	C
6	AS		69	AS
8	AS		73	C
9-10	AS		77	TSI/GI
13	GS		78	AS
14	AS		80	C
15	AS		81	TSI/GI
46	AS		82	AS
47	AS		90-91	AS
56	TSI/GI		96	AS